Hier bin ich

Isabella Ben Charrada

Autobiografisches Kaleidoskop

© 2024 Isabella Ben Charrada
Bondenwald 17
22453 Hamburg
magicalwriting@gmail.com
Umschlag und Grafiken: Irina Naruga
Unter Verwendung von: ©andrio/123rf.com
Satz: Erik Kinting – www.buchlektorat.net

Druck und Distribution im Auftrag des Autors:
tredition GmbH, Heinz-Beusen-Stieg 5, 22926 Ahrensburg,
Germany

Softcover   978-3-384-13390-8
Hardcover   978-3-384-13391-5
E-Book   978-3-384-13392-2

Von Isabella Ben Charrada bisher erschienen:
„Leben weben", ein lyrisches Memoir, 2022
„Die Stadt der Brillenmacher", Novelle, 2021
„Body Talkies – Gedichte", Buch und CD, 2016
„Lauffeuer", Lyrik, CD, 2003
Kurzgeschichten in „So nah und doch so fern – Die Geschichten mit den Eltern"
Hrsg. Herrad Schenk, 1985, Rowohlt
Lyrik in „Der Ernst des Lebens – Verständigungstexte", 1982, Suhrkamp
Hrsg. Ruth-Esther Geiger und Hartmut Klenke

Inhalt

Kaleidoskop ④: Tür auf zu inneren Bildern

Kaleidoskop ⑤: Stimmungsbilder

❧ Kaleidoskop:
Durch ein Rohr mit einem Prisma am anderen Ende schaust du ins Licht. Durch Drehen wechseln die Bilder – immer wieder ist Neues, sind fantastische Gebilde zu sehen.

Retro

Mit acht Jahren fing ich an zu schreiben, Nacherzählungen von Schulfunksendungen, kurze Geschichten, Gereimtes. Leider ist davon nichts erhalten. Ich schrieb aus Einsamkeit und um den Druck diffuser Gefühle zu überwinden. Alles Geschriebene meiner Frankreich- und Tunesienzeit hat mir mein damaliger Mann gestohlen.

Die hier versammelten Texte habe ich bis auf einige Änderungen und Überarbeitungen in Form, Rechtschreibung und Zeichensetzung wie im Original beibehalten. Meine Rückschau ins innere Kaleidoskop lässt erfundene und wiedergefundene Märchen auftauchen, wie auch Mythen aller Art, Erinnerungen und Momentaufnahmen, notierte innere Reisen und Stimmungsbilder.

Im Rückblick erscheint mir vieles wie in Dunkelheiten Lichtblicke finden, wie in Nachtlandschaften, Schneisen mal mit altmodischen Laternen, grellen Taschenlampen oder kurzzeitigem Flutlicht erhellen, dann wieder flimmernder Sonnenschein – Leitmotive und Leidmotive.

Heute bedeutet mir Schreiben Verständigung mit mir selbst und mit einem imaginären Gegenüber, autobiografisches Geflatter einfangen, Sichtweisen erweitern, neue innere Bilder entdecken und Brücken zur Welt betreten. Ob sie mich tragen?

2023

Erinnern

Ich gehe auf eine Reise.

Mit leichtem Gepäck.

Fahrpläne habe ich nicht gesucht, nur mein ungefähres Reiseziel bestimmt – einen Lebensabschnitt, eventuell eine Jahreszahl.

Nun sitze ich im Zug.

Er donnert durch einen langen Tunnel, dem Vergangenen entgegen.

An den Tunnelwänden erleuchten lange Neonröhren ab und an die Dunkelheit. Ehe ich erkennen kann, was das Helle mir enthüllt, sind wir schon weiter. Dunkel – hell – dunkel – hell.

Wer überhaupt ist der Zugführer? Ich nicht!

„Hey, das geht mir zu schnell!" schreie ich.

Das Tempo wird gedrosselt.

Im grellen Neonlicht tauchen Szenerien aus meinen Lebenszeiten auf.

„Erinnern – meine Güte, das artet ja in Arbeit aus!" spottet eine dumpfe Stimme in mir – oder im Abteil?

„Wozu erinnern?" fragt eine andere provokativ.

„Weil ich etwas aus meinem Leben erzählen, mich mitteilen, teilen möchte – was ich gelernt habe, auch meine Freude am Lernen."

„Das klingt reichlich hochtrabend", zischt eine weitere Stimme.

Dunkel – hell – dunkel – hell.

Flüchtiges. Momentaufnahmen. Déjà vu. Ein kenn-ich nicht.

Mal im Schritttempo. --- Mal blitzschnell vorbei.

Mal wie durchs Fernglas – Abbilder – ferne Land- und Stadtschaften.

Mal mittendrin – riechen, fühlen, freuen, kalt und Gänsehaut.

Mal heimelig bekannt. Mal Vorfreude. Mal ratlos.

Dann wieder düstere Wüsten oder silbrige Mondlandschaften.
Kaleidoskopgeschüttelt.
Und im Dunkeln die Frage:
Werde ich je wiederfinden, was ich schon erlebte? Was ich jetzt
erzählen möchte? Erstmal mir selber?

Gibt der Tunnel Konkretes frei?

2023

Märchen – erfundene und wiedergefundene

Kaleidoskop ①

Ein Märchen

„Heute ist Großmutters Geburtstag", sagte die Mutter am Telefon, „kommst du?" Rotkäppchen nuschelte in den Hörer „Ja, zum Kaffee", und dachte an früher, an die Gedichte, die sie aufsagen musste, an Kuchenbacken, Tischdecken, an … „Hoffentlich hat sie nicht wieder ihre Rederitis", drang die Stimmer der Mutter zu ihr. Das wird ja wieder alles viel zu viel für sie. Und gestern hat sie schon wieder in die große Bodenvase gemacht, dabei ist das Klo doch nebenan!" – „Weißt du", unterbrach Rotkäppchen, „ich kann ja mit Omi ein bisschen in den Park fahren, dann kannst du in Ruhe alles vorbereiten." – „Nein, nein, das ist doch zu anstrengend für sie." – „Ach Mutti, ein bisschen frische Luft. Ich komm dann gleich."
Rotkäppchen legte auf, ohne eine Antwort abzuwarten. Dann ging sie zum bösen Wolf, der im Erdgeschoß wohnte. Da konnte er sich im Garten Ziegen halten. „Kannst du mir den Käfer leihen?" fragte Rotkäppchen vorsichtig. Der böse Wolf knurrte nur, warf ihr dann aber doch den Wagenschlüssel zu. „Heute Abend brauch` ich ihn wieder!" drohte er. „Ist gut", trällerte Rotkäppchen und hüpfte auf einem Bein hinaus.
Die Mutter kam mit wirrem Haar und verfleckter Schürze an die Tür, als Rotkäppchen klingelte.
„Nein, nein, es ist besser, wenn sie noch ein Stündchen schläft. Sie redet schon wieder wirre", wehrte die Mutter ab, als Rotkäppchen Großmutters Mantel hervorholte. Aber da stand Großmutter schon in der Tür, ein Tuch umgebunden, den Knoten unterm Kinn schön ordentlich und gleich zweimal.
„Aber bind ihr wenigstens das Kopftuch vernünftig zu", sagte die Mutter und kniff den Mund zusammen.

„Er ist ein großer Herr, und alle müssen ihm gehorchen", verkündete Großmutter im schummrigen Flur. „Aber wann er kommt, das weiß man nicht."

Die Mutter warf Rotkäppchen einen „Na-siehste-Blick" zu, und Rotkäppchen zog Großmutter schnell den Mantel über. Ja, das ging ganz schnell. Großmutter verhedderte sich nicht einmal im Ärmelfutter wie sonst.

„Na ja", sagte die Mutter, „aber pass auf!"

Als Großmutter im Wagen saß, schaute sie gleich ins Handschuhfach. „Schön liederlich", stellte sie zufrieden fest, und Rotkäppchen musste lachen. Dann fing Großmutter zu singen an.

Im Park ging die Großmutter so schnell, dass Rotkäppchen fast nicht mitkam. Plötzlich schwenkte sie hin zu einem Blumenbeet und pflückte ruhig eine Rose nach der anderen. Rotkäppchen drehte sich erschrocken um. War der Parkwächter in Sicht? „Ach, der wird schon nicht kommen. Und wenn, dem wieseln wir schon davon", beruhigte Großmutter, band dann aber doch vorsorglich ihr Kopftuch ab und legte es über die Rosen. Spähte auch schon nach dem nächsten Beet. Fing wieder lauthals zu singen an, entdeckte ein alte Dame auf einer Bank. „Dürfen wir uns zu Ihnen setzen?" fragte Großmutter und lächelte die Dame an. „Aber bitte."

Großmutter streckte die Beine lang und schlüpfte aus ihren Schuhen. „Ah, das tut gut. Die sind immer so eingesperrt", seufzte sie und schaute auf ihre Füße. Die Dame rückte etwas ab und nestelte an ihrem Hut. Großmutter ordnete die Rosen in ihrem Schoß, wickelte sie gut ins Tuch, zog dann wieder ihre Schuhe an und sagte zu Rotkäppchen: „Wer rastet, der rostet." Und schon war sie aufgestanden.

Nun wurde es Rotkäppchen aber doch zu mulmig, und sie fragte

Großmutter, ob sie nicht mal die neue Blume in ihrem Zimmer sehen wolle. „Ach ja, ich war schon so lange nicht bei dir. Da gibt's ja so viel zu sehen", freute sich Großmutter und kam auch gleich mit zum Auto.

Sie wurschtelte wieder im Handschuhfach und besah alles ganz genau. „Na, die war ja ganz verbiestert", kicherte Großmutter dann, „die mit ihrem neumodischen Hut." Rotkäppchen musste grinsen, fuhr los und kurvte und kurvte.

Im Hausflur trafen sie auf den bösen Wolf, der grad seine Wohnungstür aufschloss. „Guten Tag", sagte Großmutter fröhlich, ging dann auf ihn zu und zog die Rosen unter ihrem Kopftuch hervor, hielt sie dem bösen Wolf unter die Nase. „Das riecht fein, nicht?" Der böse Wolf guckte verdutzt, und Großmutter meinte dann energisch: „Die sind für Sie. Ein bisschen Freude muss der Mensch doch haben." Der böse Wolf lächelte schief, nahm dann aber doch die Rosen an, schnupperte. „Ja, die riechen wirklich gut." Er machte seine Tür auf und wollte samt Rosen verschwinden.

Aber Großmutter fragte: „Darf man mal reinkommen?"

Der böse Wolf wurde sehr verlegen und sah gar nicht mehr so böse aus, sagte aber kein Wort, drückte sich nur an den Türrahmen, um Großmutter vorbeizulassen. Großmutter stratzte gleich durch alle Zimmer, äugte hierhin und dorthin und nickte eifrig, als der böse Wolf fragte: „Willste' nen Tee?" – „Aber schön stark, bei meiner Tochter gibt es immer nur solche Plörre", rief Großmutter über die Schulter und ging dann in das Zimmer mit den vielen Sitzkissen, ließ sich runterplumpsen und zog wieder die Schuhe aus.

In der Küche rumorte es, und zur offenen Verandatür lugte eine vorwitzige Ziege herein und begann an der Zimmerlinde zu knabbern.

Bald kam der böse Wolf mit einem großen Tablett herein: Sogar saubere Tassen und ein Suppenteller voller Kekse! Er verscheuchte nicht mal das Zicklein, und Rotkäppchen blieb fast die Spucke weg. Der böse Wolf stellte sein Tablett auf den Fußboden, goss Großmutter eine Tasse voll, fragte: „Milch, Zucker?" Großmutter nickte und meinte zum Rotkäppchen: „Hast aber einen charmanten Nachbarn!" und zog schnell ihren hochgerutschten Rock zurecht, als der böse Wolf zu ihr hinüberlinste.

Drrring. An der Tür klingelte es. Der böse Wolf flitzte hin und kam dann mit Schweinchen Schlau zurück, das fast hinter einer Gitarre verschwand. Nur Kopf, Pfoten und rosa Beine. Als wenn die Gitarre mit Schweinchen Schlau spazieren ginge!

„Da komm ich ja grad richtig", meinte Schweinchen Schlau, langte gleich zu den Keksen rüber, goss sich Tee ein, mampfte, sagte zum bösen Wolf: „Nun steh nicht dumm rum, mach's dir gemütlich!" und zwinkerte Rotkäppchen zu. Dann setzte es sich zurecht, nahm seine Gitarre vor und begann zu spielen und zu singen.

Dabei konnte man glatt alles vergessen und vor sich hin träumen! Bald begann auch der böse Wolf mit zu brummen, und Großmutter machte den Sopran. Sogar Rotkäppchen traute sich mit zu summen. Jetzt standen sogar schon zwei Ziegen in der Verandatür und spitzen die Ohren.

Als Schweinchen Schlau eine Pause machte, klatschte Großmutter begeistert und rief: „Noch eins!"

Rotkäppchen aber bekam einen riesigen Schrecken, als es zur Uhr sah. „Aber Omi, wir müssen los!"

Großmutter wackelte mit dem Kopf hin und her und sagte dann zu Rotkäppchen: „Nun sei doch nicht so verschüchtert! Was soll ich denn bei all den Kaffeetanten? Hier gefällt es mir viel besser,

ich bleib hier! – Nachher lad` ich euch alle zum Essen ein! – Hab nämlich heimlich gespart", flüsterte Großmutter Rotkäppchen zu, „bin doch keine arme Kirchenmaus!"
Rotkäppchen lachte auf einmal glucksend, legte den Arm um Großmutter und drückte sie ganz fest.

Der böse Wolf bekam glänzende Augen, denn sein Kühlschrank war sowieso fast immer leer. Schweinchen Schlau leckte sich die Lippen und griff wieder in die Saiten.

1983

Familienfeier

Sie schlurrte die breiten Treppen hoch wie eine alte Frau. Über sich in großen, nüchternen Lettern auf grauem Stein *Museum für Völkerkunde*. Dann stand sie mit schräg geneigtem Kopf eine Zeitlang in der weiten Eingangshalle, in der auf Fliesenmosaik ein Papyrusboot gestandet war. Rechts ein kleiner Stand. Eine Grauhaarige saß dahinter, eingerahmt von zwei Postkartenständern. Links neben der Ägypterbarke Treppen. Sie ging in den ersten Stock. Die Hand auf dem kalten Geländer. Drehte sich mit den Stufen um das Segel des Bootes hoch und kam durch wuchtige Türen in die Ausstellungssäle.

Lange stand sie vor einem Sarkophag in seiner grabschänderischen Glasvitrine. Ein Saal nach dem anderen. Ein großes Araberzelt mit Prunkteppichen und Puppen in Volkstracht. „Anschauungsmaterial – erstarrte Statisten, die dem Betrachter Nachhilfe in Phantasie geben sollen", formulierte sie, als wolle sie einen ironischen Artikel über Museumsbesuche schreiben.

Die Füße brannten, und der Druck auf die Blase war nicht mehr zu beschwichtigen. Sie suchte eine Weile, bis sie die Toiletten fand. Pinkelte genüsslich, zog die Schuhe aus und kühlte am Boden ihre Füße. Blieb lange so sitzen, ehe sie sich endlich wieder aufraffen konnte. Kaltes Wasser über die Handgelenke. Draußen dämmerte es, und die Stadt morste mit vielen Lichterpunkten ins Fenster hinein.

Sie wollte gerade hinaus, als die Tür aufgerissen und sie an die Wandfliesen gedrängt wurde. Eine mürrische Stimme schnappte „Keine mehr hier", und die Tür krachte zu. Ein nach und nach leiser werdendes Tacken von Schritten.

Sie lehnte noch immer an der Wand, eingesponnen in eine dumpfe Bewegungslosigkeit. Auf der anderen Seite der Tür war nichts mehr zu hören.

Endlich gab sie sich den Befehl: „Nun mach schon die Tür auf!" Draußen stand sie schweißsteif im Dunkel. Ein Zerren im Bauch. Doch der breite Lichtstreifen, den die Straßenlaterne durch das Saalfenster brach, beruhigte sie wieder. Sie tappte darauf los, an blinden Vitrinen vorbei und auf der Flucht vor Blicken aus dem Hinterhalt. Das weiß-logische Licht einer Insel. Hierbleiben. Nie mehr vor. Nie mehr zurück. Sie streckte ihr Gesicht der Bogenlampe entgegen. Drehte sich dann dem Schaukasten zu, der eine Familienszene dekorierte. Drückte ihre Nase an die Glasscheibe, schnüffelte.

Der Stuhl direkt vor ihr war leer. Links daneben ein blonder und ein schwarzer Haarschopf über Stuhllehnen. Lange, glatte schwarze Haare über schwarzen Oberhemdschultern. Eine Hand, die um einen Pfeifenkopf gekrampft war, schwarze Cordhosen. Blondes, feines Haar, weißer Blusenarm, altrosa Hosenbeine. Und eine kleine Hand, die mit der Gabel auf die Tischdecke piekste. An der rechten Tischseite eine ausgebeulte Frau, Schatten eines Oberlippenbartes, Geblümtes, das nach Mottenkugeln aussah. Noch eine Frauenbüste, wächsern gekerbtes Gesicht. Graue Dauerwellenhaarhaube, Gestreift-Gestricktes, hochgeschlossen um den Schildkrötenhals. Verdeckte fast das liebe Gesicht einer Großmutter mit dünnen Haaren und zipfeligem Nackenknoten. Ihre Hände in einer Geste der Überraschung erhoben. Weiße Wolljacke zum Warmhalten der schmalen Schultern. Dahinter eine graumelierte Dauerwelle mit braunen Augen, die die Großmutter fixierten. Eine dicke Stoffblume hockte wie eine Spinne auf dem pastellfarbigen Jerseybusen. Ein dunkelgraues Nadelstreifenjackett. Im Krawattenknoten eingezwängter Adamsapfel. Kurzes schwarzgraues Haar. Skeptikerblick in die Runde.

An der Stirnseite des Tisches eine verwehte Dauerwelle, weißes Rohseidenkostüm, Inquisitorenaugen im Netzwerk der Falten. Den Zeigefinger zum „Achtung" oben. Daneben ein dicker Oberhemdkloß, Vierkantkopf mit Henkelohren, militärischer Kopfabhaarschnitt, die Hände machten sich an einem Fotoapparat wichtig.

An der linken Tischseite ein junger Bärtiger mit Intelligenzlerbrille, hilfloser Blick zu seinem kleinen Sohn hinunter, der Faxen machte. Noch ein anderer Kleiner, der kaum über die Tischkante reichte, sein Gesicht zum Weinen verzogen. Neben ihm die tüchtige Saubermutter, blond und gluckig.

Der Tisch mit Blumengestecken, Gläsern, Tellern, Silberbestecken: eine Festtafel.

Das Schild am Rahmen des Schaukastens: *Familienfeier, Europa, 20. Jahrhundert*.

Der Lichtstreifen schwankte sachte, malte Schatten auf die Gesichter, die Gegenstände.

Die Gesten belebten sich, und vom erhobenen Zeigefinger töntes es befehlssicher: „Ina, nun setzt dich schon, ich will anfangen!" Ruckartig trat sie vom Schaukasten zurück. Wollte einen Schritt aus dem Licht heraus machen, weitergehen. Aber das Dunkel… Sie ging mit kleinen Schritten die Lichtstraße rückwärts, schlug dann an das Fensterbrett und drückte ihren Rücken dagegen.

„Ina, kommst du jetzt endlich!"

Sie stieß sich ab, ging wieder auf den Schaukasten zu. Keine Glaswand mehr. Dann stieg sie den Vitrinensockel hoch, rückte umständlich den leeren Stuhl zurecht, setzte sich, stieß fast ein Weinglas um, blickte ihre Mutter an, die sich schon der Großmutter zugewandt hatte, Atem holte und sagte: „Wir sind nun hier zusammengekommen, um deinen 90. Geburtstag mit Gottes

Segen gemeinsam zu feiern..." Und so weiter und so fort. „ ...und dass Gott dich bald zu sich rufen möge."
Tante Walli neben Oma, Tante Doris, Tante Helga hatten leere Augen und glotzten feierlich. Onkel Norbert starrte auf die Blumengestecke, ihre Mutter redete und redete, stieß mit dem Zeigefinger in die Luft. Onkel Hugo hantierte noch immer am Fotoapparat, Cousin Peter saß mit halboffenem Mund etwas dümmlich da und war froh, ab und zu seinem Sohn warnende Blicke zuwerfen zu können. Der andere Kleine bereitete sich endgültig aufs Weinen vor, und seine Mutter zückte schon ein Taschentuch. Cousin Markus neben ihr zerbröselte Pfeifentabakskrümel, ihre Cousine Sylvia zupfte an ihren Haaren und guckte hartnäckig auf den Teller vor sich.

„Nun wollen wir zum Abschluss gemeinsam „Lobet den Herren' singen!"

„Ach lass uns doch erst essen", sagte Tante Walli.

„Walli!"

„Ach, die Emmy", brummelte Onkel Norbert.

Aber Oma stimmte mit hoher, dünner Stimme das Lied an. Soprane kippten über Bässe und Sprechgesang. Markus und Sylvia zogen die Schultern hoch und brachten keinen Ton heraus. Onkel Hugo war aufgestanden und blitzte Oma ab. Emmy dachte: Dieser blöde Hugo, muss der denn jetzt grad fotografieren. Und die Kinder singen natürlich auch nicht mit! Es ist ja unerhört!

Am nächsten Tag standen zwei junge Frauen vor dem Schaukasten, und die eine von ihnen sagte: „Du, erinnerst du dich noch? Beim letzten Mal war der Stuhl hier vorne doch leer, oder?"

1984

Der goldene Apfel vom Lebensbaum

Beiß in den goldenen Apfel!
Sonnengoldene Lebensglut.
Vom Lebensbaume kommst du her,
Vom Rand der Welt – übers Meer.
Sehnsuchtsball – Liebesrund.
Lichterschatz – Wegespunkt.
Frucht einer langen Reise.
Güldene Arena – neue Weise.
Kling und Klang.
Sing und Sang.

Golden gestaltet und gerundet,
Voll und unverwundet.
Streich dir über deine glatte, kühle Haut.
Erfasse so – ein wenig – die Unfassbarkeit
Deiner und meiner Herkunft.

Kern und Gehäuse, Stängel und Schale
Goldenes Strahlen – verwandelst mich.
Möcht' dich holen, mir einverleiben,
Dich auch mit meinem Liebsten teilen,
Grade wie im Märchen!

Schau mich um – seh' allerlei Äpfel:
Reichsapfel, Paradiesapfel,
Schneewittchens Apfel,
Und der Apfel fällt nicht weit vom Stamm,
Fauler Apfel, Evas Schlangenapfel,
Apfelbäckchen – Apfelkuchen – Äppelwein,

Adamsapfel – Apfelmännchen –
All deine Erdenfrüchtchen.

Muss ich erst dreimal
über meinen Schatten springen?
Oder führen mich ganz andre Taten
Zu deinem Lebensstamm?
Werf ich all meine Zank-Äpfel fort,
Fällst du mir dann in den Schoß?

Noch in deinen Poren
Reist der Saft vom Lebensbaum:
Fest verwurzelt – fein und grob geädert,
Leitlinien geholzt und Zeitenringe,
Baumkrone in die Lüfte gesandt,
Geblättert und geästelt,
Erd- und Himmelszeiten durchgewachsen,
Winterschlaf und Herbstschmuck,
Knospen- und Blütenkleider,
Säfte steigen – fallen
Wind wiegt – rüttelt.

All das und alles Ungesagte, nur Geahnte,
Möcht' ich schmecken mit einem Biss!

Deine Vollendung in mich nehmen,
Mich verwandeln,
Mich festlich schmücken mit deiner Pracht,
Dein Hohelied des Lebens singen.

Begreifen, beschnuppern und beäugen.
Deine Kerne für die Zukunft in mir säen.

Wunschlos werden, nur ruhen im EINEN,
Nicht Diebstahl noch Verletzung fürchten.
Mich vergeben und vergessen
Und in dieser Lebensfülle baden.

Heilsamer goldener Apfel,
Du kommst von so weit in mich hinein,
Glühst in deinem Elixier,
Spendest mir ein Lebensfeuer,
Weltenball mit Spiegelfläche,
Erkenne mich und meine andere Hälfte.

Schüttelst mir jetzt deine Wunderkerne aus
Oder liegst du mir schon lang im Sinn,
Im Herzen und im Bauch?

Halt ich nur Zwiegespräche
Oder höre ich deine Symphonie?

Schwing immer wieder
In deinem sonnenreifen Licht,
Verlier mich darin und
Geh' mir dennoch nicht verloren.

Greif hier-, greif dorthin,
Pflück dich mit dem sechsten Sinn.

Trag dich nun heim in meine Träume.
Laß dich dort ruhen und in meinem Nabel rollen.
Verlass im Kreisen Denken, Worte, Wollen.

1991

Die kleine Auster

Es war einmal eine kleine Auster, die lebte mit ihrer Austern-Mamma und ihrem Austern-Pappa im weiten Meer. Die kleine Auster klappte ihre Schalen auf und zu, ließ das Meerwasser durch sich hindurchströmen und wiegte sich mit den Wellen. Sie jauchzte vor Freude und rief: "Mamma, Mamma, komm und lass uns zusammen schaukeln! Fühle nur, wie warm alles ist!" Doch Austern-Mutter sagte nur: "Spiel allein. Ich habe zu tun." Die kleine Auster klappte ihre Schalen zu. Als die Meeresdünung an ihren dünnen Schalen raunte, wurde sie neugierig und klappte ihre Schalen wieder auf. Ob Pappi da war und mit ihr schaukeln wollte? "Pappi! Pappi! Komm mit mir …!" Doch Austern-Vater war zur Arbeit. Austern-Mutter klapperte geschäftig mit ihren Schalen, sauste hin und her und eilte fort zu Arbeit.

So dümpelte die kleine Auster umher, sperrte ihre Schalen auf, lugte hinaus, lachte über die Sprünge des Seepferdchens, wunderte sich über die vielfarbigen Fische, rieb sich an den Korallen oder suchte nach anderen Auster-Kindern. Sie wartete auf Austern-Mutter, um ihr von all dem Gewoge zu erzählen. Doch Austern-Mutter klickerte mit ihren Schalen und sagte ärgerlich: "Schwapp nicht so viel herum! Es ist so viiiel zu erledigen! Jetzt habe ich keine Zeit!" – "Wann denn?" fragte die kleine Auster und sperrte erwartungsvoll ihre Schalen auf. "Schluss jetzt!" schnappte Austern-Mutter und gab der kleinen Auster einen Schubs, so dass sie fast bis zum Meeresgrund trudelte.

Die kleine Auster verschloss ganz fest ihre Schalen und das Dunkel raunte ihr zu: "Du bist wohl eine hässliche Auster. Hässliche Austern kann Mamma nicht lieb haben."

So wurde die kleine Auster immer verschlossener, ihre Schalen wurden dicker und dicker, doch immer noch versuchte sie, Austern-Mutter zum Schaukeln zu überreden. Sie wartete und wartete und sobald sie Mutters Wellengang spürte, kam sie herbeigeschwommen und öffnete ihre Schalen. Aber ach! So selten spielte Austern-Mutter mit der kleinen Auster!

Jetzt stritten sich Austern-Vater und Austern-Mutter, bissen mit ihren Schalen nacheinander und trübten das Wasser vor lauter Herumwirbeln. Als die kleine Auster in diesem Strudeln mitgerissen wurde, verriegelte sie ihre Schalen. Da hörte sie wieder im Dunkeln raunen: "Nur wegen dir hässlicher Auster streiten sich Mamma und Pappa. Was hast du nur getan? Du bist schuld, du garstige Miesmuschel!" Vor Schreck klappte die kleine Auster ihre Schalen wieder auf, rief: "Mammi! Pappi!" Doch in dem Gemenge bekam die kleine Auster einen so heftigen Schlag, dass sie zum Meeresgrund stürzte. Bevor sie ihre Schalen verschließen konnte, drang ein großes Sandkorn in ihr Fleisch, das zu einem heißen Schmerz wurde und die kleine Auster von nun an begleitete. Zwar veränderte er sich, rieb und scheuerte nur, aber er verließ sie nie.

Austern-Vater verschwand, und die kleine Auster wusste nun: Mit so einer hässlichen Auster wie ihr wollte Pappi nichts mehr zu tun haben!

Die kleine Auster wuchs heran, ihre Schalen wurden dicker und größer, aber sie wartete noch immer insgeheim, dass Austern-Mutter mit ihr spielen würde. Nur selten öffnete sie ihre Schalen weit oder spürte das Wogen der Wellen um sich herum. Fest presste sie nun die Schalen aufeinander und hörte im Dunkeln: "Und wenn Mutti nun auch fortschwimmt??"

Doch manchmal war das Meer so sanft, dass die kleine Auster Mut schöpfte, sich öffnete und hinauslugte. Einmal erspähte sie das Seepferdchen und lud es gleich zu einem Trunk nach Hause ein. Seepferdchen galoppierte mit und die kleine Auster rief: "Mammi! Schau mal, wen ich mitgebracht habe!" Doch Austern-Mutter war gerade sehr beschäftigt, rieb ihre Schalen und knirschte: "Du kannst hier doch nicht jeden x-Beliebigen anschleppen!"

Lange sah die kleine Auster Seepferdchen nicht wieder. Der Schmerz in ihrem Innern war ein dumpfes Pochen oder ein rastloses Pulsen, bis die kleine Auster sich so oft hin und her warf, bis sie nichts mehr spürte.

Eines Tages hörte sie lautes Rufen. Vorsichtig schob sie eine Schale hoch und äugte hinaus. Oh! Das Seepferdchen! "Hallo! Hallo!" rief sie und sperrte ihre Schalen auf.

"Du hast ja eine Perle!" staunte das Seepferdchen.

"Eine Perle? Ich? Wo denn?" wunderte sich die kleine Auster.

Da wieherte das Seepferdchen und konnte gar nicht mehr aufhören.

Die kleine Auster riegelte zu und wollte sich schon wegtreiben lassen, als es heftig an ihren Schalen rüttelte.

Die kleine Auster öffnete zaghaft und wäre fast mit dem Seepferdchen zusammengestoßen.

"Ach, kleine Auster! Ich lach' dich doch nicht aus! Ich freu' mich nur, und ein wenig Humor darf doch sein – denn wer hat schon eine Perle in sich und weiß es nicht mal! Ein Sandkorn muss es gewesen sein – den hast du bearbeitet und umwickelt, wie mit einem Schal, und nun ist daraus eine Perle geworden. Sie wird mit dir wachsen! Wenn du willst, so kannst du sie verschenken. Wenn du gestorben bist, so bleibt doch deine Perle!"

Und du, liebe Leserin, lieber Leser,
findest vielleicht am Strand eine unscheinbare Auster.
Öffne sie! Wer weiß, ob du nicht eine Perle findest.

1992

Eine Posse: Der Trauerkloß

Im Zeitalter der Therapien mal ein anderer Blick auf solche Geschehnisse:

Der Trauerkloß sah ungefähr so aus, wie zusammengepappter Haferschleim, der mindestens drei Tage allein und verlassen auf seinem Teller gelegen hatte. Grau, verkrustet und aufgedunsen kugelte, nein eierte er durch die Welt. Überall, wo er hinkam, versalzte er Suppen mit seinen Tränenfluten, verdarb den Augenschmaus so mancher Festtafel und den Appetit auf leckere Tellergerichte. Ganz zu schweigen von all den Blähungen, dem Sodbrennen und dem argen Magendrücken, die er mit sich brachte. "Vorsicht, Trauerkloß!" war denn auch der hektische Warnschrei, der ihm vorauseilte.

Leider hatte sie diesen Warnschrei nicht gehört und war völlig arglos, als eine tiefe Stimme forderte: "Sag mal aaa!" Gedrillt durch unzählige Arztbesuche riss sie brav ihren Mund so weit auf, bis ihr die Kiefern knackten, holte tief Luft und entließ ein langes "aaaaa" über ihre Zunge. Dann war es um sie geschehen: Eh` sie ihre Maulsperre schließen konnte, rollte ihr ein widerwärtiges, verpickeltes Etwas wie ein Echo zurück in den Mund. Vor Schreck schluckte sie es hinunter und da hatte sie den Salat! Kein Gurgeln oder Finger-in-den-Hals-Stecken befreite sie von dieser ungebetenen Speise! Sie tröstete sich mit dem Gedanken, dass ihre Bodyguards diesen Eindringling schon zum rechten Ort hinausbefördern würden und trank einen Liter Buttermilch, um diesen Vorgang zu beschleunigen.

Die Wirkung kam prompt, aber hinterher fühlte sie sich kein bisschen besser. In ihrem Magen rumorte es, als hätte sie mehrere Maulwürfe als Untermieter. Ihre Schultern fielen herab, ihr

Kopf wurde ihr zu schwer und kippte nach vorn, an ihre Mund-
winkel hängten sich unsichtbare Gewichte, ihre Beine verwan-
delten sich in Pudding, und ihr ganzer Korpus wurde zum delicti.
Von Stund an schleppte sie sich durch die Welt. Sie schaute nur
noch zu Boden und schluckte Staub, latschte missmutig und ziel-
los umher, bekam die Zähne nicht mehr auseinander und wenn,
nur um kleinlaute Jeremiaden vom Stapel zu lassen. Sie
schrumpfte in sich zusammen, während der Mitesser dicker und
fetter wurde. Sie konnte spüren, wie er sich hemmungslos durch
Adern, Gedärme und Nerven zwängte, ihr den freien Atem ab-
drückte und alle inneren Aktivitäten wie ein Napoleon herum-
kommandierte.

Ihre Bemühungen, diesen Zustand mit Abstand und Umstand zu
beheben, scheiterten kläglich. Sie wurde zum waschechten Jam-
merlappen, und weder Waschmaschine noch Handwaschgang
vertrieben den Grauschleier. Dieses Elend beschäftigte sie so
sehr, dass sie nur noch Nabelschau betreiben konnte.

Weitsicht kam ihr abhanden. Kurzsichtigkeit wurde fortan ihr Los.
Was Wunder, wenn sie ihren Mitmenschen aufs Gemüt schlug.

Erst nach Unzeiten solch ungearteter Leibschmerzen regte sich
zaghaft ihr Immunsystem.

"Such dir endlich ein adäquates Laxativum!" riet ihr so mancher
Bücherwurm, den sie zu Rate zog. Aber geraten war noch lange
nicht getan! Doch beim nächsten Weinkrampf trat ihr einer vom
Krisenstab in den Allerwertesten. So machte sie sich auf – nicht
zu Pontius und Pilatus, sondern zu ihren modernen Nachfahren,
den Hypnotikussen und Psychogiussen. Nach mannigfaltiger
Innenschau und fachmännischer und fachfraulicher Bearbeitung
fand sie zu ihrer Leib-und-Magen-Therapeutin.

Sie beschrieb ihr den Runterschlucker, den Werdegang, die

Symptome und ihre Leidlichkeiten. "Widerwärtig und verpickelt?" fragte die Leib-und-Magen-Therapeutin nach und meinte dann munter: "Das ist ein klarer Fall von Trauerkloß!"

"Der?" fragte sie entsetzt, denn sein schlechter Ruf war ihr ja doch schon zu Ohren gekommen. "Der!" war die unmissverständliche Antwort. "Kein Grund die Zähne zusammenzubeißen!" wurde sie getröstet. "Das kriegen wir wieder hin! Nur keine Panik! Einer zünftigen Aggregatzustandsveränderung widersteht kein Trauerkloß!"

"Einer was?" fragte sie völlig verdutzt. "Aggregatzustandsveränderung" wiederholte die Leib-und-Magen-Therapeutin geduldig. "Aus fest macht flüssig, aus flüssig Dunst und dann hinaus mit Inbrunst!" trällerte die frohgemut und nahm sie mit in ihr wundersames warmes Schwimmbad, wiegte und wogte sie, legte so manchen Wellengang ein und sang ihr heilende Wellenlieder.

Der Trauerkloß wurde dabei um und um gewendet, verrüttelt und verschüttelt, gewogen und zu schwer befunden, von daher eingeweicht und durchgeweicht.

Unermüdlich und unverzagt begleitete die Leib-und-Magen-Therapeutin sie auf ihren Um- und Irrwegen durch diverse Gedärme und Höhlen ihres Körpers, durch Befindlichkeiten und Empfindlichkeiten, durch Krankheiten, Schmerzen und Qualen, durch Schwarz und Grau.

Stück um Stück wurde der Trauerkloß von einem Aggregatzustand zum anderen geschickt – ob er wollte oder nicht. Bis der Tag des Großen Schluck-aufs kam! Sie lüftete mit jedem Schluckauf ein Quäntchen Trauerkloß aus, bis sie wieder tief durchatmen konnte.

1993

Inspiriert vom Märchen „Der dicke fette Pfannkuchen"

Mythen aller Art

Kaleidoskop ②

Meine Schöpfungsgeschichte

„Guten Tag, ihr Sterblichen" wünscht Euch der Spirit der kosmischen Photonen.

Ja, ja, ja – ich habe mit diesem Spirit gesprochen und ihn gefragt – da er ja DER ERSTE – man könnte auch sagen – DER URAHNE ist – „Erzähl' mir, was ist vor dem Big Bang passiert?"

ER antwortete mir – und ich wiederhole Euch wortgetreu, was ich gehört habe – naja, alles, woran ich mich noch erinnere – also,

ER antwortete:

„Voilà:

Es ist nicht Tag

Es ist nicht Nacht

     Es ist nicht oben

     Es ist nicht unten

          Es ist nicht fern

          Es ist nicht nah

               Es ist nicht früh.

               Es ist nicht spät."

„Also," unterbrach ich IHN, „was denn nun?"

Der Spirit schwieg.

          Nach einer langen Zeit sagte er:

             „Es ist das mächtige Atmen!"

Das mächtige Atmen haucht und braust -----

(Le Grand Souffle souffle)

Mal hier *(Geste)*   mal da. *(Geste)*

Mal dort, wo nichts ist.

Es macht so   *(klingt fast wie ein Zischen)*

und so   (*klingt fast wie ein Wehen*)
und es ist doch nichts zu hören.
Es klingt fast wie ein Seufzen und
Und fast wie ein Pusten   ohne Mund.
Es tanzt so (*Geste*).
Und es tanzt so (*Geste*)   und tralala
                                                ohne Beine.
Das mächtige Atmen
Atmet und tanzt   in Spiralen, (*Geräusch und Geste*)
                        in Kreisen   (*Geräusch und Geste*)
                        in   ∞   (*Geräusch und Geste*).
Es strudelt und wirbelt
in Zyklonen   in Tornados
in Windböen   in Sturmtosen
schneller und schneller   noch schneller und noch schneller
bis es sich selber einholt!

                                    In diesem Moment ---
Sprühen Funken dort   wo kein Raum war
Leuchten Blitze dort   wo es kein Licht gab.
Funken und Blitze verwandeln sich in Farbkaskaden.
        ====== UND das Mächtige Atmen
                braust noch stärker, noch stärker
                tanzt noch schneller, schneller und schneller =====
        EIN ORKAN in Aktion!
„AAAHH! ICH BIN!"   lacht er.
Er lacht derart laut, bewegt sich derart schnell,
Dass er der Große Wirbel wird,
                                der die Tarantella tanzt.
Und ein gigantischer Katarakt   wirft sich ins Unendliche.
Alles und Nichts   ----- EXLODIERT.

Ein unermesslicher Strom
verwandelt sich   in einen Ozean jenseits aller Begrenzungen
        Magma des WERDENS UND VERGEHENS
〜 〜 〜 Das Mächtige Atmen   atmet immer
                                tanzt immer
        EINATMEN
        AUSATMEN
            Ein-atmen   *aus-atmen*

Mittendrin ist Stille.
(Et au creux de sa respiration naît le silenssssssssss.)   (*silence*)
                                1999

Übersetzung aus dem Französischen.

Dies habe ich auf einer Trance-Reise zu Trommeln während eines schamanischen Workshops zum Thema „Esprits du Kosmos" – zum „Spirit der kosmischen Photonen" innerlich gesehen und gehört, danach zusammengefasst, in Worte gefasst, um sie der Gruppe vorzutragen. Ich behalte das Wort Spirit bei, denn die Übersetzung „Geist" passt für mich nicht.

Familienmythen

wie erloschene Sternschnuppen

Rückschau in Nebelschwaden

Trudelnde Bruchstücke.

Vergebliche Versuche

das eine oder andere zu erhaschen.

Wie Luftanhalten.

Im Ausatmen treibe ich dahin

von lockeren Wurzeln losgerissen.

Was nur, was, soll ich mir berichten?

2021

YEMAYÁ

Yemayá bin ich, die Vielarmige

„Halte seit Anbeginn das Erdenrund umschlossen mit meinen unendlichen Wassern. Durchstreife meine Muttergrotten. Schmiege mich an die weichen Dünen in meinen Tiefen.

Tanze in Strudeln, Strömungen und Sturzseen. Wiege mich in wandelnden Wellen. Begrüße die Winde mit sprühender Gischt. Lasse mich nach oben tragen, bis Licht meine Haut durchdringt und ich flüssige Kristallschleier in die Lüfte sende.

Große Freude durchflutet mein Sein. Sanft kräuselt sich mein Wasserkleid in stillen Meeren, brüllend brodelt meine Leidenschaft zu den rasenden Stürmen eisiger, dunkler Ozeane.

Ich atme ein. Ich atme aus und singe mein Lied.

Warme Winde und wilde Winde formen meinen Wellengang und reiten auf meinen Springfluten. In meinem nassen Schoß brüte ich Leben aus.

Ich öffne mich dem glühenden Herzen der Erde, lasse ihre Magma heiß emporschießen durch meinen Leib und Milliarden meiner Tropfen zischen verdunstend in riesigen Fontänen in hohe Himmel.

Yemayá bin ich, die Vielarmige

Seit Urzeiten bis zum heutigen Tage schaffe ich Euch Land,
schaffe Euch Platz zum Wachsen und Ausbreiten, schenke Euch
aus meiner Fülle festen Boden,
Erdreich.

Kontinente gestalte ich mit meinen Gezeiten, meinen Wirbeln
und Wogen.
Mit Küstenlinien setze ich Grenzen, zermahle ihre Felsen zu
vielfarbigen Stränden.

Flüsse und Ströme kommen zu mir zurück.
Mit Deltas und Fjorden berühre ich Euch.

Selbst in meinen Weiten gebäre ich Euch Inseln, damit Ihr mich
spüren könnt.

Stürmisch und tosend, steigend und fallend, fest und fließend,
rauschend und wispernd begleite ich Euch mit meinem ewigen
Gesang:
"Bevölkert das Land, das ich Euch gab!
Bearbeitet es mit der Kraft Eurer Körper, der Kraft Eurer Herzen,
der Kraft Eurer Gedanken und vor allem der Kraft Eurer Seele.

Yemayá bin ich, die Vielarmige

Vergesst nie: Wer nimmt muss auch geben!"

So nahmt Ihr von der Erde, nahmt von mir, meinen Meeresfrüchten,
habt die 7 Weltmeere beschifft, im Meergrün und -blau
gefischt und gebadet, Meeresspiegel und Meeresleuchten besungen.

Doch nun versucht Ihr, mich mit Wellenbrechern zu zähmen,
mich mit Bohrinseln zu durchstoßen, mich in Anmaßung zu beherrschen.

So nehmt Ihr mit nie gekannter Gier von all meinen Gaben, rottet
meine schwimmenden Kinder aus, vergiftet sie mit Euren unsäglichen Abfällen, vergiftet auch die Erde
und spürt nicht mehr ihren lebendigen Puls, spürt nicht mehr,
dass Ihr alle meine Kinder seid!

Yemayá bin ich, die Vielarmige

Und sage Euch jetzt:
"Riesige Flutwellen werde ich schicken, um Euch das Land zu
nehmen, das ich Euch gab, wenn Ihr nicht lernen wollt, was ich
Euch lehre!"

1992

Inspiriert durch eine lateinamerikanische Legende
über die Göttin der Meere

Erinnern und Momentaufnahmen

Kaleidoskop ③

Bei Oma

Ich bin zu Besuch bei meiner Oma auf dem Dorf. Sie hat die braune Kruke mit dem selbstgemachten Sauerkraut aufgemacht und den Holzdeckel auf den Tisch gelegt. Es riecht scharf. Mit einem großen Löffel schöpft Oma den Saft ab und füllt ein Glas voll. Zuerst muss ich den trinken, dann kann ich das Sauerkraut roh essen. Ich liebe diesen säuerlichen Geschmack. „Damit Du keine Würmer bekommst", verkündet Oma feierlich. „Wo denn?" frage ich erschrocken. „Na, im Gedärm!" Mehr erklärt sie nicht und ich grusele mich und drücke meine Augen kräftig drei-, viermal zu, um das Bild wimmelnder Würmer wegzublinzeln. Und schlürfe weiter den sauren Saft. Würmer adé! Und leere den Teller mit Sauerkraut, das noch ein wenig in seinem Saft schwimmt und hin- und her schwappt, wenn ich mit dem Teller balanciere.

Mit Oma zu Fuß ins kleine Gärtchen am Dorfrand, zum Erbsenpflücken. Viele Erbsenschoten türmen sich in einem Korb, ich ziehe am Faden, und die knackige Schote lässt sich mit beiden Daumen öffnen. Mmmm, schmecken die Erbsen gut!

Wieder zu Besuch, Wochen später: „Jetzt aber ab ins Bett!" sagt Oma energisch. Ich huste und schniefe. „Das werden wir gleich kurieren", ordnet sie an und legt ein Nachthemd zurecht. Dann holt sie eine Flasche aus Weißglas unten aus dem Küchenschrank. In ihr schwimmt Schwärzliches in trüber Flüssigkeit. Sie reibt mir den Rücken damit ein. Es brennt ein wenig und überall verteilt sie knotige Kleinteile. Sie zieht mir ein langes Flanellhemd über den Kopf, Arme ausstrecken und rüber, bis auf die Füße runterzubbeln. Hinlegen. Dann vorne das Hemd wieder hoch, Brust einreiben. Eklig, diese komischen Teile, wie harte

Krümel. „Was ist das?" frage ich alarmiert. „Morgen ist die Erkältung weg!" versichert Oma. Sie deckt mich mit einem schweren Federbett zu und zieht es mir bis zum Hals hoch.

Ich schwitze so sehr, dass ich in der Nacht ausgewickelt werden muss. Schlaftrunken lasse ich mir ein frisches Nachthemd überziehen und werde noch einmal gründlich eingerieben. Ich hasse schwitzen: als würde ich in meinem eigenen Saft eingelegt. Am Morgen schleudere ich das feuchte Bettzeug von mir. Oma hat in der Küche eine Zinkbadewanne mit warmem Wasser bereitgestellt – ein Badezimmer gibt es nicht, nur eine Toilette auf dem Gang. Meine Großeltern bewohnen zwei Zimmer im ersten Stock eines stattlichen Bürgerhauses. Vor Jahren sind sie als Flüchtlinge hier untergekommen. Der Raumteiler – ein Vorhang oben an Ringen auf einer Messingstange – wird zugezogen, und ich kann das durchnässte Nachthemd auf den Boden pfeffern, mich endlich waschen. Mein Wohlbehagen dauert nicht lange: Iiiii, im Wasser schwimmen viele, viele kleine schwarze Tierchen!!! „Das sind doch nur Ameisen! Die sind doch schon lange tot. Eine Flasche in einen Ameisenhaufen gelegt – wenn genug drin sind, Spiritus rauf – Ameisensäure plus Spiritus – das macht gesund!" erklärt Oma stolz. Und es stimmt! Ich fühle mich wie neu. Aber die Nacht war schlimm, ich in meinem Saft mit Hustenanfällen und all diese, diese … Ich schüttele mich. Ob ich mich nochmal mit sowas einreiben lasse?

2020

Wohnungen meiner Kindheit

Der weiß-grün gemaserte Linoleumfußboden hat kleine runde Dellen. Mit meinem kurzen Zeigefingerchen reibe ich eine Höhlung nach und gleich noch eine und noch eine. Dann krabble ich weiter bis zu einer breiten weißen Tür. Weit oben sehe ich die Klinke glitzern. Plötzlich werde ich hochgehoben und es riecht nach Apfel. Die Äppeltante ist da! Sie trägt mich herum. Ich halte meinen Kopf an ihren Hals und lausche. Es summt und brummt, wenn sie erzählt. Beim Gehen klickt und klackt es. Dann kniee ich in meinem Gitterbettchen, lutsche auf einem geschälten Apfelstückchen und schaue durch die Stäbe ins Sonnenlicht, das durch ein offenes Fenster hereinströmt und schön warm macht. Viel später erfahre ich, dass Pfennigabsätze diese Spuren im Fußboden hinterlassen haben.

Umzug: Nun wohnen meine Mutter und ich im ersten Stock eines Mietshauses. Ich bin wohl 6 Jahre alt und liege in meinem richtigen Bett (wie ich mir stolz sage) in meinem Kinderzimmer. Über mein Gesicht streicht ein kalter Luftzug vom Fenster. Ich drehe mich zur Wand. In meinem Rücken türmt sich ein großer Schrank. War da was? Schnell drehe ich mich um und starre ins Dunkel. Halte die Luft an und zische sie laut wieder aus. Alles gut! Mit nackten Füssen tappe ich zur Tür, schaue auf das Riffelglasviereck oben. Dunkel. Mutti schläft schon. Vorsichtig drücke ich die Türklinke hinunter und schiebe mich in den Flur. Links schimmert die Wohnungstür hell, fast so breit wie der Flur. Gegenüber bahnt sich ein bleicher Strahl der Straßenlaterne mit einem Knick über die Fensterbank seinen Weg bis zur Wohnzimmerschwelle. Die wuchtigen Sessel hocken wie Bären im Halbschatten. Die Mäntel an den Garderobenhaken beulen sich unheimlich gegen die Wand. "Da ist doch nichts!" flüstere ich mir Mut zu. Die Schlafzimmertür daneben mit ihrem viereckigen Auge verbirgt ja meine schlafende Mutter. Ich lege mein Ohr ans Holz und horche. Aaaah, ich höre ihr leises Schnarchen. Sie ist da! Nicht verschwunden, wie mein Vater. Muß ich aufs Klo? Nein. Ich taste mich an dem kleinen Tischchen an der Wand vorbei. Alles noch da – für den Nikolaus: ein Teller mit Keksen, ein Glas Sinalco-Brause gibt es bei uns selten, aber dem Nikolaus gebe ich gerne etwas ab. Und mein knubbeliger Wollstrumpf? Was ich wohl morgen finde, wenn ich reinschaue? Erstmal in die Hände nehmen, tasten, von der Ferse bis oben hin, dann gucken – so werde ich es machen! Soll ich noch ein Leberwurstbrot schmieren? Vielleicht mag der Nikolaus lieber was Salziges? Leise, leise klinke ich die Küchentür auf. Der Topf mit den geschälten Kartoffeln für morgen Mittag steht schon auf dem Gasherd. Ich schiebe mich vorbei, denn ich kann kaum etwas sehen. Ich wühle im Brotfach des Küchenschranks. Ja, da liegt noch eine Scheibe Graubrot. Schnell bestreiche ich sie mit Leberwurst, einmal durchschneiden, lege das Messer in die Spüle und lasse die Stulle neben die Kekse rutschen. Jetzt kann Nikolaus kommen! Ich schleiche mich zurück und wurschtele meine kalten Füße ins Federbett.

2021

Schreiben und Lesen

Meine Mutter war Volksschullehrerin, wie das Mitte der 50ger Jahre hieß. Comics wie „Fix und Foxi", die mein Cousin mit Begeisterung sammelte, bezeichnete sie als Schund und „kamen ihr nicht ins Haus". Kinderbücher wohl auch nicht. Jedenfalls erinnere ich mich an keines.

Doch was vor mir auftaucht, ist ein kleines Heftchen mit grob kolorierten Bildern auf einer Seite und groß gedrucktem Text auf der anderen Seite. Verteilt wurden sie in der Sonntagsschule der Baptistengemeinde meiner Großeltern. Ein Bild beeindruckte mich noch lange. Immer wieder schaute ich es mit leichtem Grusel an: Lots Frau. Obwohl ihr Gottes Engel verboten hatte, zurückzublicken, drehte sie sich nach Sodom und Gomorrah um und erstarrte zur Salzsäule – eine weiße Gestalt mit verschrecktem Gesicht vor dem Hintergrund einer düster qualmenden Stadt. Doch was war so schlimm daran, sich nochmal umzudrehen? fragte ich mich – nicht laut. An der Bibel wurde nicht gezweifelt. Mein Großvater war Baptistenprediger.

Mein Opa brachte mir noch vor der Schulzeit ein wenig Schreiben bei, wenn meine Mutter und ich sonntags zu Besuch waren. Ich war stolz, dass er sich mit mir beschäftigte und war eifrig dabei. Zur Schulzeit kommt mir die Quälerei mit den Schönschreibheften in den Sinn. Meine sahen trotz größter Mühe immer ein wenig schmuddelig aus. Jedes Mal von neuem versuchte ich, ordentlich zu schreiben, die Linien einzuhalten, die für die richtige Größe vorgesehen waren. Vorsichtig füllte ich eine für ein „a" aus oder für ein „h" nur so weit hoch, bis… oder die Schleifen eines „g" oder „f" nach unten oder oben gezogen, wie es sein sollte. Doch immer war es ein wenig schief und buckelig oder zu schmal. Jedenfalls würde die Lehrerin es sehen und ich ein „Das kannst Du doch besser!" zu hören bekommen.

Ich erinnere mich nicht mehr daran, wie ich lesen lernte. Aber meine erste Fibel „Die goldene Brücke" sehe ich noch vor mir. Wie in einem weißen Tor auf grünem Grund der Buchdeckel. Ein halbrunder weißer Schriftzug in Schreibschrift oben drüber. Ein kleiner Bach floss dahin, eine halbrunde Brücke mit Holzgeländer führte hinüber, rechts und links Ufergebüsch und im Himmel aufgeplusterte Wolken. Fünf Kinder spazierten über die Brücke, voran ein Junge mit Schulranzen, dicht dahinter ein Mädchen mit einer Mappe unter dem Arm. Es schaute sich nach einer Kleineren um, die eine Schultüte an sich drückte, dann ein Junge, der sein Windspiel in die Luft reckte und zum Schluss ein Mädchen, das seinen Reifen die Brücke hoch rollte. Manchmal träumte ich mich mitten rein in die Kinderschar. Ich musste schon drängeln, damit ich noch Platz hatte. Wir gingen nach Hause und konnten nun spielen. Ich war Einzelkind und Mitspielen war für mich meist eine Mutprobe – aber hier nicht!

Am liebsten war mir das Märchen vom „dicken fetten Pfannekuchen", der kantapper, kantapper den Berg hinunter in den Wald rollte und sich erst von den Kindern, die ganz allein waren und großen Hunger hatten, essen ließ. Allen war er entkommen, kantapper, kantapper, und nun half er den Kindern! Wie gern hätte ich den dicken fetten Pfannekuchen einmal gestreichelt, rundherum.

2021

Zum Märchen des Dicken Fetten Pfannekuchen: Tante Minna will ihn essen. Da springt der Pfannekuchen aus der Pfanne und rollt weg: „Kantapper Kantapper den Berg hinab" – Er rollt aus der Küche und aus dem Haus…

Rote Tinte

Ich war 9 oder 10 Jahre alt und hörte nachmittags gerne den Schulfunk. Wenn mich eine Geschichte besonders beschäftigte, erzählte ich sie nach, schrieb meine Version in ein Schulheft. Von meinem Taschengeld holte ich mir einen fast durchsichtigen Schutzumschlag mit einem Rombenmuster für mein Heft. Ich strich über die gleichmäßigen Erhöhungen und freute mich. Dann schrieb ich in Schönschrift alles auf und machte da und dort sogar ein paar kleine Zeichnungen. Ich weiß nicht mehr, ob ich meine Geschichte erst vorschrieb, aber ich glaube schon. Wenn alles fertig war, blätterte ich es von der ersten bis zur letzten Seite durch – mein Buch!

Als meine Mutter – die Lehrerin – von der Schule kam, gab ich ihr, nachdem ich einen Kaffee für sie gebrüht hatte, stolz mein Buch. Gespannt wartete ich. Aber sie gab mir das Heft erst abends zurück, wortlos.

Als ich es aufschlug, sah ich auf einigen Seiten dick mit roter Tinte angestrichene Rechtschreibfehler. Mir war zum Weinen, aber ich als Lehrerstochter durfte doch keine Fehler machen! Meine stolze Freude fiel in sich zusammen. Das Tintenrot hatte sie abgemahnt.

2021

Tür auf zu inneren Bildern

Kaleidoskop ④

Entstanden als inneres Schauen zu schnellem Trommelschlag oder in Stille zu der Frage „Was ist jetzt gerade da?" oder zu einem Thema, während verschiedener Workshops. In der Gruppe von diesen Reisen erzählt und später notiert. Innere Bilder übersetzen und verdeutlichen für mich unverstandene, sogar unbekannte und unerkannte Anläufe und Abläufe in meinem Inneren, Befindlichkeiten und lang Gespeichertes.

Meine Füße

Mein rechter Fuß ist ein kleines gelbes Küken. Großstadtgetümmel. Zwischen Schuhen und Hosenbeinen irrt es hin und her. Es fiept verängstigt. „Ach, mein Liebes, was ist mit dir geschehen?" Ich bücke mich, bette das Küken vorsichtig in meine linke Hand und halte es an mein Herz. So gehe ich mit ihm aus der Stadt hinaus. Lang ist der Weg, vorbei an Wiesen und Feldern. Einsam ist der Weg. Nur weiter! Hier will ich nicht bleiben! Oh nein! Das linke Flügelchen ist verletzt!

Endlich komme ich in ein Dorf. Am Dorfeingang steht ein steinerner Brunnentrog. Dort setze ich das Küken ab, gebe ihm Wasser, kühle das Flügelchen und schaue es mir genauer an. Es ist noch kein richtiger Flügel, eher ein Flaumstummel. Ich muss ins Dorf, Hilfe suchen, jemanden finden, der sich mit Küken auskennt.

Am Dorfausgang steht ein Haus. Dort wohnt eine Heilfrau. Ich klopfe an ihre Tür, werde von drinnen aber unfreundlich abgewiesen. Doch ich klopfe nochmals und bitte um Hilfe. Quietschend öffnet sich die Tür. Eine hässliche alte Frau lugt aus dem dunklen Haus. Widerwillig lässt sie mich ein, als ich ihr das verletzte Küken zeige. In der Küche steht allerlei herum. Die Wände sind sehr dick. Putz bröckelt ab. Eine Katze schleicht herum und äugt begehrlich zum Küken hinauf. Ich frage die Alte, ob sie ihre Katze nicht rauslassen könne. „Ho, ho!" ruft sie. „Mit Angst kommst du nicht weiter!" dreht sich um und kramt in einem Küchenschrank. Sie murmelt: „Was soll der Aufstand! Tot ist es nicht! Es ist doch noch zu retten!" Dann wühlt sie eine schmierige Salbendose heraus, streicht dem Küken die Salbe auf den Flügel und schreit: „Raus jetzt!" Ich drücke das Küken an mich und flüchte fast, drehe mich aber unter dem Türbogen noch einmal um, bedanke mich und frage sie, ob ich ihr etwas geben kann. „'Nen Zehner", brummelt sie. Ich krame in meiner Tasche nach Geld und gebe es ihr. Nun wird die Alte freundlicher und sagt zum Abschied: „Du musst die richtige Henne für dein Küken finden!"

Das Küken piepst vor Angst. Beim nächsten Bauernhof suche ich nach einer Henne. Nichts. Ich wandere weiter, durch andere Dörfer, zeige mein Küken und frage an allen Hühnerhöfen, Ententeichen und Gänsehorten nach, ob sich eine Henne fände. „Gack, gack, nein, nein!" rufen die Hühner. „Quaak, quaak, nein, nein", kommt's von den Enten. „Nein, nein", zischt ein Ganter. Auch Wildgänse im Schilf eines Sees kennen keine Henne für mein Küken.

Immer und immer wieder schaue ich nach dem Küken. Bedrückt grübele ich, was ich tun soll. „Mein Küken, was brauchst du?" Doch das Küken kann nicht antworten. Es ist zu schwach. „Stirb nicht! Stirb nicht!" Das Küken träumt. Ich setze mich hin und träume mit. – Ich sehe einen Hügel. Dort steht ein Kreis Nadelbäume mit langen weichen Nadeln. In der Mitte ist eine große Mulde. Dort sitzt die Wilde Wunderhenne! – Ich reiße die Augen auf und renne los. Halt! Schau dich erstmal um! Ich bleibe stehen und schaue in die Runde. Zur rechten Hand entdecke ich den Hügel aus dem Traum! Ich sehe keinen Weg dorthin. So steige ich über einen Zaun und gehe querfeldein. – Nie werde ich oben ankommen! – Ich kämpfe mich durch Wiesen und Dickicht. Der Mond geht auf und wieder unter. Im Dunst sehe ich dann den Hügel. Als ich zum Hügel komme, zeigt sich die Sonne. Ich haste voran, schaue auf das Küken. – Lebt es noch? –

Inmitten der Tannen sehe ich wirklich eine Henne. Sie schimmert in allen Regenbogenfarben. Sie ist riesig groß und schaut mich an. Ich habe Angst, aber halte ihr bittend mein Küken hin. Die Henne zieht uns beide unter ihren Flügel. Es ist dunkel, warm, heimelig. Ich stecke die Nase raus, um Luft zu bekommen. Wir bleiben sehr lange. Mein Küken drücke ich jetzt an ihr Herz. Ich spüre es, tot ist es nicht! Dann schlafe ich ein.

Als ich aufwache, ist das Küken verschwunden. Ich krieche unter dem Flügel hervor. Da pickt eine wunderschöne, rotgoldene Henne auf der Wiese. Sie ist ziemlich groß. Nicht so groß wie ich. Ich erkenne mein Küken in ihr wieder. Nun hebe ich meine goldene Henne auf und umarme sie. Sie ist ziemlich schwer. Nachdem ich sie lange geherzt habe, bittet sie mich: „Lass mich fliegen!" Das fällt mir schwer. Ich habe Angst, dass sie nie wieder zurückkommt. Doch sie beruhigt mich: "Ich will jetzt mein eigenes Leben entdecken! Doch wenn du auf zwei Fingern pfeifst, komme ich zu dir!" Ich glaube ihr und lasse sie los. Sie fliegt davon, in den weiten Himmel.

Auf meiner linken Zehe hockt eine kleine graue Haselmaus. Was will sie von mir? Ich soll aufhören, sie zu beschimpfen, weil sie so zart ist. Doch sie nervt mich! Sie ist so klein und mickerig, hat so eine dünne Haut. Nur groß und stark will ich sie! Doch sie sagt zu mir: „Ich bin ein Nagetier und so schlank und klein, damit ich ins Haus rein kann." Dann zeigt sie mir, dass sie auch in die kleinsten Öffnungen eines Hauses reinkommt. In welches Haus? Ach ja: in mein Haus! Da, wo die Knoten sind. Nun bin ich nicht mehr allein, um meine Knoten zu lösen! Ich wusste nicht, dass die Haselmaus mir helfen kann. Ich habe sie immer übersehen, weil sie so klein ist.

Haselmaus schlüpft ins Haus und nagt alle Stricke durch, an denen die Knoten verankert sind. Mein Haus ist voller Knoten.

Haselmaus kommt auch noch in die kleinste Ecke! Immer, wenn sie einen Knoten gelöst hat, nehme ich das Gewirre und trage es hinaus, zum Feuerplatz. Als alle Knoten draußen sind, entzünde ich ein Feuer. Haselmaus und ich hocken beieinander und schauen dem Feuer zu. Sie knabbert Haselnüsse, ich Treets. Es geht uns sehr gut. Haselmaus sagt: „Es ist Zeit! Nun kommt etwas Neues!"

Da pfeife ich auf meinen Fingern, und die rotgoldene Henne fliegt herbei. Ich wundere mich: Sie ist so groß und Haselmaus so klein! Plötzlich entsteht ein riesiger Wirbel. Als ich wieder klar sehen kann, erblicke ich einen Kranich. Majestätisch steht er da und putzt sein Gefieder. Er schaut mich an. Seine Augen erinnern mich an die glänzenden Knopfaugen von Haselmaus und die schimmernden Kreise drumrum an die rotgoldene Henne. Bevor er davonfliegt, verkündet er: „Du musst zuerst aufräumen. Dann komme ich und hole dich ab. Vorher schicke ich dir ein Zeichen!" Ich schaue ihm nach. Ich möchte so gern mitfliegen!

1997

In der Wüste

Wüste, verloren, allein, Sand … heiß, ein Sandsturm zieht auf, ein Kamel kommt von weit her eine steile Düne heruntergerutscht Seine Höcker schlabbern hin und her, weil sie fast leer sind, so lange war es schon in der Wüste. Es versucht unbeholfen, mit den Vorderbeinen zu bremsen, und das sieht komisch aus.

Als es bei mir angekommen ist, streichle ich ihm über sein weiches Maul mit der Scharte in der Oberlippe. Es fletscht die Zähne und lacht, denn es ist weggelaufen aus der Disziplin der Karawane. Ob es sich auch verirrt hat?

"Nein, ich bin aus der Karawane abgehauen. Ich bin zu Dir gekommen, um Dir den Weg zu zeigen, wie man alleine läuft!"

So hilflos bin ich nun auch wieder nicht, denn als ich an mir hinunterschaue sehe ich, dass ich Tropenkleidung trage, einen Helm, eine Jacke mit vielen Taschen für nützliche Dinge, eine Wasserflasche am Gurt, einen Labello für die Lippen in einer der vielen Taschen und sogar einen Kompass!

Der Wind wird stärker und entwickelt sich zum Sturm. Das Kamel rät mir, den Sturm abzuwarten und trabt los – so schnell, das hätte ich nie von einem Kamel erwartet – über Dünen aus denen ein kleiner Fels ragt. Hinter dem Felsvorsprung hält es inne und lässt sich prustend und kollernd nieder. Ich soll seine Nase vor den nun prasselnden Sandkörnern schützen.

Ich ziehe meine Jacke aus und breite sie über meinen Kopf und über den Kopf des Kamels und schmiege mich eng an, dicht am Boden. Das Atmen wird schwerer, doch ich habe keine Angst, weil das Kamel bei mir ist. Ich vertraue ihm, denn es kennt sich in der Wüste aus.

Die Sandkörner prasseln auf uns nieder wie wilder Hagel.

Nach und nach werden wir vom Sand zugeweht.

Ich soll ruhig bleiben, aber mit meiner Jacke genug Raum zum Atmen frei halten, damit uns kein Sandkorn in die Nase oder die Luftröhre kommt.

„Aber die Zeit können wir ja nutzen", meint das Kamel. „So schnell geht die Welt nicht unter." – „Nun – ich habe keine Kamelsgeduld", schnaufe ich. „Ja, ja, weiß ich doch. Aber warum?" Das Kamel holt Luft. „Wir haben genug Zeit, damit du dieser Frage nachgehen kannst."

Ich drifte ab, wie auf einem heißen Luftstrom und finde mich in der Kindheit wieder. Ich sehe mich, wie meine Mutter mich an der Hand hält (wir sind in der Stadt beim Einkaufen) und mich hinter sich her schleift, weil ich mit meinen kleinen Beinchen nicht so schnell mitkomme. Oder sie steht und wartet ungeduldig, dass ich fertig werde (Nun mach schon …!!!). Immer dieses Gefühl, schnell fertig werden zu müssen, wie atemlos, nie den eigenen Rhythmus kennenzulernen.

Kamel: „Ist diese Ungeduld wirklich deine Ungeduld??"

Ich: Nein, diese nicht. Ich bin zwar auch ungeduldig – aber doch anders.

Heißt du übrigens Camelia?

„Nein – bloß nicht! Ich bin doch keine Damenbinde! -

Kannst du es nicht aushalten, meinen Namen nicht zu kennen?"

Schwer!

„Wenn du den Namen kennst, was hast du dann davon?"

Ich kann ihn rufen. Er ist wie eine Brücke. So kann ich eine Beziehung anknüpfen.

„Ist das wirklich so?"

Nein, plötzlich vergesse ich Namen.

„Fangen wir von vorne an, wie in der Wüste, Leere, kein Horizont."

Werde ich hier sterben?

„1. stirbt man nicht so schnell, und 2. bist du erwachsen."

Allmählich wird es wärmer, durch den Sand, der wie eine Decke auf uns liegt.

Wieder Szenen aus der Kindheit: Zug, Bahnhof, Angst im Bauch.

Kamel: „Willst du dich von der Angst zudecken lassen wie vom Sand?"

Nein. Du Klugscheißer!

Kamel lacht. „Jetzt ist es Zeit, nicht mehr alles so ernst zu nehmen.

Die Kühe haben 7 Mägen, jedenfalls die Holsteiner Kühe. …"

Finde ich nicht so gut. Ich will am Alten nicht mehr rumkauen.

„Vertraust du mir?"

Na ja. …

Kamel: „Reicht nicht. Wenn das alles ist, kann ich ja wieder verschwinden!"

Nein, tu das nicht, sonst hab' ich Angst, wie ein Kind.

„Also gut."

Ich drücke die Wange an den Hals des Kamels und bin froh. Die Luft wird stickig. Sand ist doch herein gekommen und knirscht zwischen meinen Zähnen.

Kamel: „Wie steht es mit deinen Beziehungen zu Menschen?"

Nicht besonders!

Wenn jemand etwas Positives zu mir sagt, bekomme ich einen

Schreck, oder ich stehe unter dem Druck, mich positiv darzustellen, z.B. in der Gruppe: mich gut ausdrücken, einen guten Eindruck machen, z.B. beim Essen. Dann sitze ich jemandem gegenüber und vor lauter Guten-Eindruck-machen-Wollen knotet sich mir der Magen zusammen und ich kann nicht mal das einfachste Gespräch anfangen, als wäre mir der Mund zugeklebt.

Ich habe den Arm über die Nüstern des Kamels gelegt, damit ihm keine Sandkörner reinfliegen. Plötzlich fällt mir ein großer schwarzer Skorpion auf den Schoß.

Er stellt seinen Schwanz drohend auf.

Eben durchzuckt mich ein wahnsinniger Schmerz (ich zucke tatsächlich unkontrolliert zusammen) – der Skorpion hat mich gestochen!

Nun ist es, als sei ich gestorben.

Ich sehe meinen Körper, auf dem Rücken liegend, etwas aufgedunsen. Der bricht längs in der Mitte auf, als wäre er nur eine Hülle. Aus dem Inneren kommt etwas heraus: Ich bin es, aber dünner, heller, fast wie ein Schemen.

Ich verneige mich vor dem Skorpion, der auf meiner alten Hülle sitzt.

Der Skorpion sagt mir, sich solle ihn auf die Hand nehmen. Ich nehme ihn in meine Hand. Da ist er in meiner offenen linken Hand, schwarz.

Ich muss ihm einen Tropfen Blut geben, aus meiner rechten Hand.

Das Kamel schaut dabei zu und schaukelt mit dem Hals hin und her.

Ich beiße mit den Zähnen in meine rechte Hand, bis ein Tropfen Blut auf den Skorpion fällt.

Da verwandelt sich der Skorpion in einen Skarabäus. Der leuchtet golden. Er kann aus Mist Kugeln rollen. «Im Kleinen fängt es an. Aus vielem Kleinen wird dann ein Großes. Und daraus entsteht Geduld!»

Das Kamel nickt: „Das ist gut gesagt!"

Der Skarabäus verschwindet.

Der Sandsturm hat sich gelegt. Das Kamel steht auf. Ich trinke etwas Wasser aus meiner Flasche und höhle meine Hand und benetze so die Lippen des Kamels.

Das Kamel lässt mich aufsteigen. Ich halte mich an seinem Höcker fest. Der ist weich und wackelt ein wenig hin und her. Allmählich passe ich mich seinem schaukelnden Gang an. Das Kamel wittert in die Luft, nach Wasser.

Kamel: „Wo Wasser ist, da sind auch Menschen. Aber jetzt Schluss mit dem Gerede! Ich kann nicht gleichzeitig durch die Wüste gehen und reden."

Ich hole den Kompass aus einer der vielen Jackentaschen. Aber der nützt mir nichts, weil ich ihn nicht lesen kann.

Ich umarme den Höcker des Kamels und lasse mich von seinem Gang einwiegen, lehne meinen Kopf an seinen Höcker und vertraue mich dem Kamel an.

Dies ist ein freies Kamel, und ich bin eine freie Frau!

1998

Hausputz

Ich gehe durch die Räume meines Hauses.

Im Keller finde ich das "Arme Ich". Ich nehme es mit nach oben. Mein Haus umarmt einen Innenhof. Dort sprudelt meine Quelle, die zu einer hohen Fontäne aufschießt. Ich setze das "Arme Ich" an meine Quelle und warte auf Mondlicht – die Zeit der Verwandlung.

Aus dem Keller schleppe ich Gerümpel hoch:

- ein dunkles Fernrohr

    das muss ich immer nehmen, um zu schauen, wie die anderen mich beäugen. Und dann lasse ich das Fernglas sinken und äuge selbst ängstlich umher:

    was denken SIE über mich??

- ein uraltes Grammophon

    das muss ich immer abspielen

    Vaterstimmen, Mutterstimmen, Tantenstimmen.

    "Lass das!" – "Sei stille!" – "Tu deine Pflicht" – "Ohne mich bist du nichts!" – "Sag deiner Mutter ..." – "Entscheide dich für mich, denn wer nicht für mich ist, ist gegen mich!" fordert Mutterstimme. "Du riechst schon wieder! Erstmal ins Bad" ekelt sich Tantenstimme. Wutgebrüll vom Vater. Das Knacken und Rauschen knarzt: "Du bist nichts! Wirst nie was sein! Besser, du lebst gar nicht mehr!"

- Ich stolpere über ein zusammengewurschteltes Knäuel Verbandszeug, mit alten, rostroten Blutspuren. Als ich es aufhebe, fällt es auseinander. Wie ein schmaler, verfleckter Lauftteppich liegt es auf dem staubigen Kellerboden. Ein namenloses erstickendes Grauen packt mich, und ich rase in Panik die Kellertreppe hoch, werfe es zum Fernrohr und zum

71

Grammophon in den Garten. Es dauert lange, bis ich den Mut fasse, wieder hinunterzusteigen.

- Dort steht eine dunkle, schwere Holzkiste mit Eisenschlössern.

Ich wuchte sie zur Treppe. Sie ist so schwer, als würden viele, viele Hände daran ziehen, um mich daran zu hindern, die Kiste hinauszuschleppen. Am Treppenabsatz kippt die Kiste um und scheppernd und polternd fallen Messer und Schlingen, Fallen und altertümliche Bohrer heraus, rostig – Nein – das ist kein Rost. Es sind angetrocknete Blutspuren.

Nie werde ich diese Folterinstrumente anfassen und in die Kiste zurückstecken können!

Ich keuche, huste und übergebe mich. Zitternd hocke ich auf der untersten Stufe der Kellertreppe, drücke meine Augen krampfhaft zu. Doch da ruft mich die Wilde Frau: "Hinaus damit, mein Kind! Ich bin bei dir!" Auf allen Vieren krieche ich zu der verstreuten Qual, werfe ein Horrorinstrument nach dem anderen mit spitzen Fingern in die Kiste. Bei jeder Berührung erinnere ich mich an Verletzungen, Vergewaltigungen, Verrat, uralten, neuen. Ich sterbe. Denke ich. Doch mein Körper lebt. Tief in meinem Bauch brodelt Wilde Wut, stärker und stärker. Schneller und schneller räume ich die Kiste ein, ziehe sie krachend die Treppe hoch und schleife sie auf meinen Scheiterhaufen. Erleichtert atme ich die Luft im Garten ein. Die blutroten Rosen fächeln mir ihr Parfüm zu. Lebensglut. Lebensblut.

Ich steige wieder in den Keller hinab. Ich finde einen Besen.

- Ich fege allerlei Gerümpel und Zerbrochenes zusammen: alte Erinnerungen an Schmähungen und Verlassenwerden, alte Träume vom Rettenden Prinzen und von unvergänglicher

Schönheit, stopfe zum Schluss eine verschimmelte Gold-
haarperücke in den Sack und schleife ihn hinter mir her ins
Freie.

Ich muss noch einmal hinunter.

- In der hintersten Ecke hockt etwas mit glühenden Augen.

Durch den aufgewirbelten Staub erscheint mir der Keller rie-
sengroß und von drohenden Gespenstern bevölkert. Nie werde ich meinen Keller für Neues freimachen können! Die Ge-
spenster bleiben!

Da höre ich ein gewaltiges Lachen.

"Nichts entgeht der Wilden Frau!" heult es, und ein Echo
vervielfältigt diese Worte. Ein starker Windzug schleudert
mich nach vorn. Ich falle auf einen großen Teddybären. Seine
Augen glosen boshaft. "Wen du vergisst, den vergess ich
niemals", verhöhnt er mich.

Ich rappele mich auf und packe ihn angstschlotternd an seinem dicken Arm. Sägemehl rieselt mir über die Finger. Wie
von Furien gehetzt renne ich aus dem Keller. Es ist, als zöge
der Teddybär hunderte von Schatten mit sich. Als ich ihn zu
den anderen Sachen schmeiße, sehe ich, dass er nur ein zer-
löchertes, zerschlissenes Spielzeug meiner Kindheit ist.

Ich sacke zusammen und lasse mich auf die Erde fallen. Lang
ausgestreckt bleibe ich liegen und schaue in den Himmel. Wol-
kenschiffe ziehen vorbei. Das Himmelsblau macht meinen Kopf
leicht, die Erde birgt meinen Körper.

Lange liege ich so und vergesse mich selbst.

Vom Scheiterhaufen wehen ab und an Bilder oder krächzende
Stimmen herüber und werfen Schatten über mich. Doch hier, im
Sonnenlicht, haben sie keine Macht.

Ich gehe ins Haus zurück und spähe in jedes Zimmer.

- Aus dem Wohnzimmer nehme ich den <u>Guckkasten</u>, der sich zäh in seiner Steckdose festhält. Ich muss hartnäckig ziehen, bis ich ihn los habe und nach draußen schleppen kann;

- aus der Küche entferne ich tütenweise all die <u>Lockspeisen</u>, die mich mit ihrem "Iss mich – ich tröste dich" verführen wollen. Als ich schon eine davon aufmache, höre ich wieder das Wilde Lachen und spüre das Brodeln in meinem Bauch. Ja, da sitzt der Hunger! Nicht im Mund. Nicht in den Augen. Schnell stopfe ich das Süßliche in die Tüte zurück und bringe alles nach draußen.

- In meinem Arbeitszimmer sammle ich alle <u>überquellenden Aschenbecher</u> ein und klaube die herumliegenden Zigarettenschachteln zusammen. Ich will hinaus, aber halte inne. Wie soll ich ohne …? Doch da lacht's wieder: "Vernebeln ist nicht beleben!" Ja! Ja! Hinaus damit! Bevor ich schwach werde.

- Dann ziehe ich im Schlafzimmer mein <u>"Versteck-mich-vor-der-Welt"-Federbett</u> von meinem Lager. "Wie soll ich mich jetzt schützen?" frage ich mich bange. "Zeigen werde ich's dir!" raunt mir die Wilde Frau zu, "mächtigen Schutz und nicht so ein armseliges Federbett!" Ich drehe mich erschrocken um, doch sehen kann ich nichts. Wie soll ich das glauben! "Wat mutt, dat mutt!" höre ich meine Großmutter. "Ja! Omi!" lächle ich und bringe das Federbett hinaus.

- <u>Ich steige auf den Dachboden</u>
An den Spinnweben gehe ich vorsichtig vorbei. Ich sammle Kistchen und Kästen ein: mit alten Fotos, Erinnerungen an vergangene Lieben, Aufzeichnungen vergilbter Illusionen, Erwartungen und "Rette-mich"-Liebesbriefen. Ich wiege alles in meinen Händen. Es fällt mir schwer, dies dem Feuer zu übergeben. Das ist doch mein Leben! Nun stoße ich auf einen

Stapel Hefte. "Meine Kellergedanken" lese ich. Ich lasse mich auf einen alten Schaukelstuhl fallen und weine. Hätte ich doch jetzt mein Federbett, meinen Guckkasten, meine Süßigkeiten, meine Zigaretten! Nein! Ich kann nicht ohne sie leben! Von hinten antwortet mir todeswehes Schluchzen vom "Armen Ich".

Doch mittendrin heult eine Wölfin.

Der Mond ist aufgegangen.

Ihr Lied zieht durch meine Knochen, nistet sich ein ins Mark.

Trotz alledem.

Es ist Zeit, das Feuer anzuzünden.

Es ist Zeit, mein "Armes Ich" in die Quelle zu tauchen.

Mehrmals steige ich hinab, die Arme voll beladen. Zuletzt trage ich den Schaukelstuhl, den bequemen Jammersessel, hinunter. Er ächzt bei jeder Bewegung. Schnell, schnell, bevor mich seine Bilder einlullen!

Ein dicker Vollmond schwimmt im nachtblauen Himmel.

Ich staple Holzscheite und baue einen Feuerturm.

An mehreren Seiten zünde ich ihn an.

Angstvoll stockt mir der Atem.

Wird es brennen?

Da erhebt sich ein Wind.

Ein wilder Schatten tanzt um das Feuer, das höher und höher lodert.

Die Wilde Frau singt, singt aus dem Bauch der Erde.

Das Lied vibriert in meinem eigenen Bauch. Macht ihn voll. Macht ihn satt.

Meine Augen sind satt vom Widerschein der züngelnden Flammen.

Mein Mund öffnet sich und singt sein eigenes Lied, schmeckt

jeden Ton, schmeckt Tod und Verwandlung, wird satt – so satt – wie nie zuvor in meinem Leben.

Es knistert und knallt, als der Guckgasten zerspringt, Papier sich krümmt und verascht. Der Schaukelstuhl gibt dem Feuer gute Nahrung. Das Federbett verpufft leis. Die Zigaretten glühen ein letztes Mal auf.

Ich gehe ins Haus zurück und in den Innenhof.

Mein "Armes Ich" hockt zusammengesunken am Boden. Ich nehme es an die Hand, ziehe es hoch. Es schlägt die Augen nieder, schwankt hin und her, schluchzt leiernd mit verkrümmten Schultern.

Ich umarme es, drücke es an mich.

"Wie habe ich dich bekämpft, gehasst, verfolgt, immer und immer wieder versucht, mich von deiner klebrigen Gegenwart zu befreien! Ach, du Liebes!

Nun steigen wir gemeinsam in unsere Quelle der Wandlungen hinab

und du wirst sehen: zusammen werden wir

unser Haus neu einrichten!

Denn nun ist so viel Platz da!

So viel Platz!

Schsch – sag nichts mehr!

Ich halte dich beim Untertauchen!"

Unter Mondlicht und Wolfsgeheul

gehen wir die paar Schritte

zur Quelle

zitternd und zagend

aber

wir tauchen hinab!"

1999

Prinzessin "Weiß nicht wie"

Rankengestrüpp hakte sich in ihren Kleidern fest, riss Löcher hinein, riss ihre Haut blutig. "Du bist nichts – Habenichts – Tunichtgut" raunten sie und schlugen über ihrem Kopf zusammen. Schon lange hatte sie keine Kraft mehr, wild um sich zu schlagen. Blind stolperte sie dahin, schützte ihre Augen mit den Armen.

Doch zäh arbeitete sie sich durch dieses verfilzte, stickige Dickicht. Denn von weither klang eine Melodie. Ein Lied, das auch in ihrem Herzen pochte, ein Lied, das nie verstummte, ein Lied, mit dem sie auf die Welt gekommen war. So taumelte sie trotz Schmerzen ihrem Lied entgegen. Stunde um Stunde, Tag um Tag, Jahr um Jahr.

Unvermutet öffnete sich vor ihr eine weite, blumige Savanne. Ein glitzernder Fluss schlängelte sich ganz nah durch leuchtendes Grün. Sie betrat verwirrt eine neue Welt aus Farben und Licht. Sie stieg in den Fluss, tauchte unter, tauchte auf, tat es den Fischen nach. Der Fluss trug all ihre Schmerzen zum Meer.

Als sie aus dem Wasser empor kam, waren alle Wunden, Risse und Narben zu filigranfeinen Tätowierungen geschlungen, die ihren Körper mit Blumen und Mustern zeichneten.

Sie legte sich auf die Erde und ließ sich in der Sonne trocknen. Sie blickte auf, als sie ein Rupfen und Zupfen bemerkte. Ah! Dort graste ein Zebra! Sie bestieg das Zebra. Es trabte tiefer und tiefer in die wogende, duftende Savanne. Sie wunderte sich: "Eigentlich lässt sich ein Zebra nie reiten!" Doch das Zebra trug sie weiter und weiter, bis zu einem Hain mächtiger, alter Akazien.

Im Herzen des Hains stand ein weißes Einhorn. Es scharrte mit dem Vorderhuf und lud zum Ritt. Sie folgte der Einladung und das Einhorn galoppierte aus dem Hain.

Wie im Flug erreichten sie bald eine Anhöhe mit wild wachsenden Blumen und Gräsern, Sträuchern und Bäumen. Tief atmete sie ihren Duft ein. Dann erkannte sie Wege und Pfade, Hecken, die die Sicht versperrten und bemerkte mit Schrecken, dass sie in ein Labyrinth geraten waren. Doch das Einhorn fand sicher seinen Weg.

Mitten im Labyrinth stand ein weißer Tempel mit hohen Säulen, die eingemeißelte Schriftzeichen trugen. Deren Botschaft verstand sie nicht. Das Einhorn setzte sie vor den Tempelstufen ab. Sie wuschelte ihm zum Abschied durch seine weiche, seidige Mähne. Es trabte davon und sprang ab und an fröhlich wiehernd in die Luft.

Sie betrat den Tempel. Ein Gefühl der Leichtigkeit breitete sich in ihr aus. In der Ferne sah sie das Allerheiligste, denn der Tempelinnenhof erschien ihr riesig, Kilometer um Kilometer zum Horizont. Nach wenigen Schritten kam sie zu einem Wasserbecken. Eine Fontäne sprühte und plätscherte regenbogenfarbige Tropfen. Sie legte all ihre Kleider ab. Das Wasser war frisch, aber nicht kalt. Sie glitt hinein. Ein Sog zog sie hinab in ein Unterwasserschloss.

Sie erblickte einen reichverzierten Thron nach dem anderen. Auf dem einen saß die Goldene Königin, auf dem anderen die Purpurne, auf dem dritten die Nachtblaue und auf dem vierten die Silberne Königin.

Sie zog ihre Kreise. Delphine tummelten sich um sie herum und zeigten ihr Spiele. Sie hörte Walgesang und lauschte dem Lied in ihrem eigenen Herzen. Es erfüllte sie laut und klar mit seinen wundersamen Tönen. Sie atmete durch Kiemen, die sie vor uralten Zeiten abgelegt geglaubt hatte. Sie öffnete ihr Herz und die Strömung lehrte sie schweigen.

Dann ertönte der Ruf.

Sie folgte ihm, erreichte die vier Königinnen und kniete nieder.

Die Silberne Königin sprach zu ihr:

"Prinzessin "Weiß nicht wie" halte inne und begrüße deine Angst!

Fühle und folge deinem Schmerz!"

Die Nachtblaue Königin sprach zu ihr:

"Prinzessin "Weiß nicht wie" lausche und höre auf deine innere Stimme!

Träume und schaue in die Nacht!"

Die Purpurne Königin sprach zu ihr:

"Prinzessin "Weiß nicht wie" steige hoch und verwandle deine Angst!

Atme Dunkles aus und Licht ein!"

Die Goldene Königin sprach zu ihr:

"Prinzessin "Weiß nicht wie" öffne deinen Mund und singe dein Lied!

Tanze deine Melodie auf dieser Erde!"

Dann brauste es wie eine Flut:

"Steh auf, Prinzessin und sage uns: Was ist dein Tod?"

Sie erhob sich mühsam und zitterte vor Angst.

Wie sollte sie diese furchtbare Frage beantworten?

Doch dann begrüßte die Prinzessin ihre Angst,

lauschte ihrer inneren Stimme,

atmete Dunkles aus und Licht ein,

öffnete ihren Mund und sagte:

"Die Stille vor dem Licht."

Da wogten die Wasser,
wiegten sie und trugen sie nach oben
ins Sonnenlicht.
Gesang begleitete sie:
Prinzessin "Weiß doch wie" -
bald wird deine Krönung sein!

1996

Stimmungsbilder

Kaleidoskop ⑤

Ein Spaziergang am Meer

Manchmal träume ich von einem Spaziergang am Meer, von der frischen, leicht salzigen Luft, vom Rauschen der Wellen.
Manchmal lässt sich dieser Traum verwirklichen. Dann ziehe ich oben auf der Promenade Schuhe und Strümpfe aus – aber nur, wenn es warm genug ist, und ich in aller Ruhe auf einer Bank sitzen und das Schuhwerk im Rucksack verstauen kann. Die Zehen freuen sich über den feinen Sand. Er rieselt zwischen ihnen hindurch oder wird fast bei jedem energischen Schritt in die Zwischenräume gedrückt. Das erinnert an Kindertage und Baggermatsch.
Und dann: die weiße Gischt am Saum der Nordsee rollt auf den nassen Strand, zieht sich zischend mit den Wellen zurück, hin und her. Mal leckt eine wählerisch das Land, mal donnert eine andere breitseitig und unvermutet die nackten Füße begrüßend herbei.
Dann stehe ich eine Weile versonnen da. Oh, die Füße sind bis zu den Knöcheln versunken, mit Schwung nur sind sie von ihren Sandschuhen loszuschütteln – als seien sie fast im Treibsand verschwunden.
Nun geht es an der Wasserkante entlang, die sich bei jedem Schritt buchtet und beult und ihre weißen Spitzen schäumen läßt und Spritzer wie Luftküsse verteilt. Beim Umdrehen sehe ich die eigenen Fußspuren. Doch Welle um Welle überspült sie, bis sie in den glatten Strand zurückkehren, als sei ich dort nie gewesen.
Weiter schlendere oder stapfe ich an der Waterkant entlang, umrunde eine buckelige Buhne aus Feldsteinen oder poröse Betonstege, steige Holzplanken zu einer stolzen Seebrücke hoch, die sich stetig den brausenden oder glatten Wassern oder geriffelten Wattflächen entgegenstellt.

Ich schaue hinunter, sinniere über die Zeit in der Sonne, über Mondzeiten mit silbrigen Wasserspiegelungen. Wind zerzaust meine Haare und flattert mit dem Jackenkragen.

Das Watt entblößt allerlei untermeerische Wesen. Vorsicht vor Seevögeln und manchem gravitätisch stolzierendem Storch! Kleine gedrehte Häufchen vom Wattwurm werden sichtbar. Aha, wie gut, dass er den Boden durchwühlt und für zukünftige eingedeichte Wiesen fruchtbar macht.

Ebbe und Flut, das Dazwischen. Tidenhub und Wasserstände erinnern mich an eigene Lebenszeiten, mein Hin und Her, Auf und Ab, mein Innehalten und Atemholen, mein Ein- und Ausatmen. Allmählich verwehen die Gedanken mit den Wolken, die wie bauchige Schiffe über den Himmel ziehen. Ich vergesse mich in all diesem Geschehen, begrüßt von Wind und Wellen.

2002

Ein Arbeitstag

Alles hängt mir zum Halse raus. Jeden Morgen hänge ich mich mit dem leeren Bügel in den Schrank! – Gebrauchspoesie – und das am frühen Morgen.

Vera dreht sich vor dem großen altersgescheckten Spiegel in der Schranktür. Die Angst beschwichtigen, hinten könne der Saum runterhängen oder etwa ein Fleck... Und gleichzeitig die Lust, alles wieder auszuziehen und in das verschlampte Schwarze mit den Luftlöchern unter den Armen zu kriechen. Verkleidung. Leute schocken. Wie in der anti-autoritären Phase. Der trauerst du doch immer noch nach! Dabei lebst du wie DIE WERKTÄTIGEN, über die du damals so hergezogen bist.

"Vera, bist du endlich fertig", brüllt Ferdi von unten und klappert demonstrativ mit dem Frühstücksgeschirr. Verschlafener Morgenkuss. "Ach, mir hängt alles zum Hals raus!" Vera verstopft sich den Mund mit einem Bissen Brötchen. Ferdi sieht stumpf an ihr vorbei. Warum muss die morgens immer so schlechte Laune haben?

"Wir sind die Morgen-Bee Gees von Radio RTL – Malta: Präsident ... Es ist auf die Sekunde genau 7.35 Uhr – Hannen-Alt, die Seele des Altbiers" ...

Ferdi blockiert das Klo – Dann nicht! – Ein hastiges "Tschüss", Zündschlüssel rein, rückwärts aus der Garage – Vorsicht! – schalten, bremsen, Gas geben.

Vera sitzt dicht am Steuer, die Schultern verkrampft hochgezogen, Brille auf der Nase und versucht, sich im morgendlichen Stau zu behaupten. Parken, Tasche unter den Arm geklemmt. Die Sonne spiegelt sich auf der Fassade. Und da muss ich jetzt rein. Lauter Fenster und dahinter lauter Büros mit lauter Bürokraten,

Personalnummer 000. Glaskäfige. Aber wenigstens kann man das Fenster aufmachen und sich Poster an die Wände hängen.

Ausweis vorzeigen, stempeln.

"Guten Morgen!" – "Guten Morgen." (gestanztes Lächeln).

Schon wieder so blöde Tabellen tippen. Und dabei ist erst Dienstag.

Papier einspannen, Zigarette anzünden, ein blinder Blick auf das Wasserfallposter.

"Frau Vera, ich habe hier noch einige Tabellen für Sie. Wenn Sie mir die um 11 Uhr bringen…"

"Ja, danke."

Wieso sagst du eigentlich "ja danke"? Bis 11 Uhr! Ich bin doch kein …

Noch vier Tage! Schiet, immer von einem Wochenende zum anderen. Mein Traumziel: der Jahresurlaub. Miete zahlen, Strom, Telefon … Krank feiern? – - -

Was willst du eigentlich?

Ich weiß nicht, einfach nur weg hier.

9.355   8.479   7.334

Weg!

Wohin und wozu? Und wovon willst du leben?

5.311   6.431   5.999

Weiß ich auch nicht, sonst säße ich ja nicht hier!

Ich will einfach nur weg. Die Sonne scheint.

Ach komm: in vier Tagen ist Wochenende!

8.478   8.111   8.621

Papier ausspannen.

Papier einspannen.

"Die Energiebilanz des Jahres … Bei einem Rückblick auf das Jahr … Stellt man fest, dass der Energieverbrauch um …"

"Hallo Vera, kommst du mit Kaffeetrinken?"
"Kann nicht, muss die verflixten Tabellen erst fertig machen."
"Du Arme, dann bis nachher."
Vera sitzt vor ihrer Schreibmaschine, rot lackierte Fingernägel auf grauer Tastatur, den Rücken krumm. Immer wieder schiebt sie mit dem rechten Zeigefinger die Brille über den Nasenrücken hoch, schichtet ein Blatt auf das andere und legt dann die letzte Seite dazu, reckt sich, steht auf, die Dokumentenmappe auf der flachen Hand wie auf einem Tablett, dreht den Türknauf und blickt den Gang hinunter. Plastikbeschichtete gelbe Türen, graue Türrahmen, graue Filzfliesenwände, grauer Filzfliesenboden. Einige Filzquadrate haben Blasen geworfen, andere sind eingesunken und knacken unter ihren Stiefeln. Graue Eisenborde, von denen die Farbe abblättert. Vera klopft unter dem Schild X5/66. Tritt ein, als keine Antwort kommt und sagt: "Entschuldigung, ich wollte Ihnen nur die Tabellen bringen."
Sie schiebt die rosa Mappe von ihrer Hand auf den polierten Palisanderschreibtisch. Der Mann dahinter hält den Telefonhörer ans Ohr, aber es ist still. Vera sieht den faltigen, blaugrauen Hals, aus dem sich der Adamsapfel herauswölbt, weiter hoch zu dem zusammengekniffenen Mund. Auf der Unterlippe ein kleines Speicheltröpfchen, straff gezogenen Lider über reglosen Augen, wie festgeklebt. Der tadellose Haarschnitt, die linke Hand auf dem glänzenden Holz, leicht nach oben gekrümmt, auf die Fingerkuppen gestützt. Vera hört das Surren der Schreibmaschine nebenan, aber nicht das gewohnte Stakkato auf dem Papier. Sie zieht die Luft ein, hält den Atem an und zischt ihn wieder raus. Ihre Handflächen werden feucht und hinterlassen auf dem Schreibtisch kleine Abdrücke wie Nebeltröpfchen, als sie ihre Hand zu der des Mannes schiebt. Vorsichtig streckt sie den Zei-

gefinger aus, lässt ihn einen momentlang oben, bis er über dem breiten Handrücken ihres Chefs schwebt. "Wie diese Hände von Wachsfiguren. Aber die Haare…" murmelt sie vor sich hin und kämmt die schwarzen Härchen gegen den Strich. Dann schreckt sie hoch, fasst in ihren Wuschelkopf, zupft hier und dort eine Strähne zurecht.

Vera geht um den Schreibtisch herum, tritt von hinten an den Ledersessel, umfasst die Lehnen mit beiden Händen und geht langsam rückwärts, bis sie die Wand kalt an ihrem Rücken spürt. Die Telefonschnur wird straff und der Apparat rutscht zur Schreibtischkante. Vera rollt den Sessel wieder zurück, hin und her, hin und her, bis das Telefon auf den Boden poltert. Sie stößt den Sessel von sich. Der Mann kippt nach vorn und schlägt mit der Stirn auf die Schreibtischplatte.

Vera reißt die Tür zum Sekretariat auf. Ihre Kollegin sitzt vor der Schreibmaschine, die gleichmäßig schnurrt. Beide Hände auf den Tasten, aber bewegungslos.

"Tina!" Vera tritt hinter die Sitzende, zieht den Stuhl von der Maschine weg. Tinas Hände gleiten von der Tastatur und klatschen auf ihre Oberschenkel. Vera starrt auf Tinas Hinterkopf, auf die winzigen Schüppchen am Haaransatz und geht dann schlurfend an den Aktenschränken vorbei. Sie rüttelt hektisch an der Tür, als ihr der dicke Knauf immer wieder aus den feuchten Händen glitscht.

Jetzt auf dem Gang atmet sie in schnellen Stößen. Sie reißt jeweils eine Tür rechts, eine links auf. Leere Büros oder Schreibtische, hinter denen Erstarrte wie festgefroren sitzen.

Vera fängt an zu laufen, den Gang hinunter, zur Rolltreppe. Erleichtert macht sie einen großen Schritt und lässt sich hinunter tragen, zum Ausgang. Links taucht der Hinterkopf des Pförtners über dem Abschluss der Rolltreppe auf. Tschurr, tschurr … Ein Blick zu ihm – der grüßt nicht, glotzt nur reglos. Zwei Schritte, und Vera stemmt die rechte Hand gegen die Drehtür, drückt mit ihrem Körper nach und hinein. Der Türflügel ruckt. Veras Oberkörper kippt nach vorn. Hinter ihr schlägt das Metall des Türrahmens an ihre Hacken. Sie bleibt reglos.

Draußen zaust der Wind in den Forsythiensträuchern. Wolkenziehen und Blau spiegelt sich in der Fassade.

1981

Ich erzähl mir eine Geschichte

Kellerkind lebte im Lande der Rauchenden Schlote.

Wenn es zu den kleinen Kellerfenstern nach oben schaute, sah es durch die grauen Vierecke hochglanzgeputzte Schuhpaare mit flatternden Hosenbeinen vorbeihasten, Stöckelschuhe an seidigen Strumpfbeinen trippeln, in Gesundheitsschuhe mit dicken Wollsocken dahinfedern, Kinderschuhe Farbmuster hüpfen, verbeulte Latschen schlurfen, begleitet von schaukelnden, scheddrigen Einkaufsbeuteln.

Wenn es zur Tür hinaus auf die Straße spähte – was selten vorkam – sah es ein Wimmeln und Eilen, vielerlei Gestalten wie Schattenrisse vor rußgeschwärzten Häuserfassaden, über deren Dächern Rauchschwaden waberten.

Kellerkind hatte nicht immer in diesem Keller gehaust.

Als es kleiner war, wohnte es mit seiner Mutter im ersten Stock eines backsteinroten Häuserblocks.

Als es kleiner war, spielte es draußen unter dem rauchversiegelten Himmel, nannte die qualmenden Schlote „Huste-Riesen" und klatschte in die Hände, wenn Mutter zu Weihnachten das Räuchermännchen vom Boden holte.

Als es kleiner war, verrauchten alle Ängste, wenn ein Streichholz angerissen wurde, aufflammte, schwefliger Geruch in die Nase biß und eine Zigarette aufglimmte. Nun wußte es: Mutti war da! Mutti blieb! „Auf eine Zigarettenlänge" – wie sie immer sagte.

Als Kellerkind ganz klein war, gehörte Vati auch noch dazu. Es erinnerte sich an eine dröhnende Stimme, die oft laut und fröhlich lachte, an einen breiten Brustkorb, in dem das Herz stampfte und pochte, an Arme, die es bargen und hielten. Es erinnerte sich aber auch an das Gluckern, wenn Vater einschenkte, an das immer schnellere Keuchen und Schlucken, Gläserknallen auf dem Tisch und nach einer Weile an ein Aufbrausen harter, schriller und böser Stimmen.

Doch es erinnerte sich auch an die Diamantwiesen, weit weg vom Land der Rauchenden Schlote. An glänzenden Gräsern funkelten unzählige Tröpfchen in der Sonne. Kellerkind pflügte mit ausgebreiteten Armen hindurch – lief dem weiten, blauen Himmel entgegen, die hohen und die tiefen Stimmkaskaden von Mutti und Vati wie warmer Wind im Rücken – hin zum glitzernden Wasserband, wo sich Himmel und Wiese trafen.

Kurz danach ging Vati weg.

Kellerkind sah ihn erst nach langen Zeittunneln wieder. Es wartete, hibbelte vorfreudig, wartete vergeblich, juchzte aber, wenn er wirklich kam, um es abzuholen, er fragte, was es denn mit ihm „unternehmen wolle". Doch wenn es zurückkehrte, war Muttis Gesicht verdüstert, im Zimmer Zigarettenmief.

Kellerkind sehnte sich immer nach seinem Vater. Doch irgendwann sollte es ihn nicht mehr besuchen. Fortan träumte es von einem großen Bruder, der es beschützte und zu den Diamantwiesen mitnahm.

Es muss wohl in der Zeit gewesen sein, als Vater verschwand – Kellerkind erinnerte sich nicht mehr so genau – dass es anfing, auf der Kellertreppe zu spielen oder still mit seinem Teddybären in einer Kellerecke hockte. Obwohl es die Dunkelheit fürchtete, wurde der Keller **i h r** Platz – ihre Zuflucht, ihr Versteck.

Kellerkind fand Spielgefährten, obwohl Mutter sagte, es sei eine Lehrerstochter und dürfe nicht mit jedem spielen. So begann es, zu verheimlichen, wo es hin ging, mit wem es spielte und wovon es träumte. Kellerkind spürte: So, wie es war, konnte die Mutter es nicht ertragen. Wenn es allein war – und das kam häufig vor –

schlich es sich in den Keller. Manchmal spielte es dort aufregende Spiele mit einem Nachbarsmädchen, bis die dicke Trudel sie aufspürte und hämisch zischelte: „Das erzähl' ich deiner Mutter!" Danach nahm es nie wieder ein anderes Kind mit in seinen Keller.

Kellerkind war oft krank. In den ersten Tagen wurde Mutter immer weich und fürsorglich, dann aber schnell ungeduldig. Oma kam dann angereist, hegte und pflegte Kellerkind, sang ihm Lieder vor, brachte Leckereien, erzählte und schwatzte. Es lag gut eingepackt unterm Federbett und betrachtete staunend Sonnenstrahlen, in denen flimmernde, goldene Stäubchen tanzten – auf und nieder, hin und her und so hell – so hell!

Kellerkind ging bald zur Schule, lernte, was im Land der Rauchenden Schlote als lernenswert galt, alberte und tuschelte, lärmte und rannte. Kellerkind wurde aber auch von Jungs gehänselt und ausgelacht, verhöhnt und mit „Kloppe" bedroht. Es machte Hausaufgaben nur, wenn es sich nicht vermeiden ließ und paukte später nur in letzter Minute für Klassenarbeiten.

Es ging nicht mehr in den Keller.

Der Keller war nun in seinem Herzen, aber das wusste es nicht.

Doch manchmal musste es traurige Gedichte schreiben oder saß reglos da, starrte ins Leere, als sähe es dunkelhöhlige Kellerwände.

Mutti heiratete wieder und bekam ein Baby. Kellerkind freute sich – auf einen neuen Vater, auf eine Schwester. Aber der Stiefvater war schlimmer als Kellerasseln oder Spinnen. Das Schwesterchen ließ sich zwar knuddeln und streicheln, gluckste und giggelte, saß aber auch stundenlang auf dem Topf und gröhlte Kellerkind mit ununterbrochenem Sing-Sang die Ohren zu und wollte immerfort Gesellschaft.

Bald wurde Kellerkind wütend und grob.

Als es später von zuhause ausriss, war es so sicher gewesen, die Diamantwiesen wiederzufinden. Und wo war es jetzt? Im Keller! Wie war es hier hergekommen?

Wann hatte Kellerkind angefangen, seine eigene Zigarettenschachtel wie einen Anker mit sich herumzuschleppen? Warum? Fragen. Fragen. Kellerkind hörte sie bohren und hämmern. Schnell schaltete es seinen Guckkasten ein und ließ sich von fahlblauen Bildern davontreiben. Schnell zündete es sich eine Zigarette an und ließ sich von Rauchspiralen fortnebeln.

Trotzdem blieb es unruhig. Sein Herz klopfte. Warum kam niemand, um die Kellertür aufzuschließen, es aus dem Keller herauszuholen, zu den Diamantwiesen – den Diamantwiesen? Niemand! Niemand!

Kellerkind flüchtete zum Küchenschrank, schnitt ein großes Stück Kuchen ab, das mit „**Iß mich – füll dich! Iß mich – füll dich!**" lockte und goss sich roten, glosenden Wein dazu ein, der „**Leicht und lustig! Leicht und lustig!**" kehlte. Mundverstopft blieb es einsam mitten im Keller sitzen und verschluckte seine salzigen Tränen.

Aber nie vergaß es die Diamantwiesen. Immer wieder robbte es mit schmerzstechenden Muskeln mühsam die Kellertreppe hoch, wagte sich hinaus, machte ein paar Schritte und noch einen und noch einen …, blieb kürzere, blieb längere Zeit da draußen, im Freien.

Doch weil es seine Diamantwiesen nicht gleich fand, Rauch und Gestank ihm den Atem nahmen, bekam es Angst vor all dem Unbekannten und rettete sich zurück in sein Kellerloch. Wieder und wieder. Wieder und wieder.

Nur eines hatte Kellerkind geortet: Es konnte ganz allein die Kellertür aufmachen! Es brauchte niemanden dazu! Vielleicht, ganz vielleicht könnte es auch durch die Angstnebel hindurch finden. Vielleicht könnte es ganz allein, ohne „**Iß mich- füll dich**" – „**Leicht und lustig**" – „**Rauch mich – stärk dich**" zu den Diamantwiesen finden? Vielleicht könnte es sich beim Reisen dorthin an seinen Namen erinnern?

Lange, lange Zeit brauchten diese Fragen, um Kellerkind hinterm Kellerloch hervorzulocken.

Doch schau! Siehst du? Jetzt ist der Keller leer! Der Guckkasten zerborsten und verrümpelt. Der Kuchen von Mäusen verkrümelt. Der Wein in seinen Flaschen versauert. Die Zigarettenschachtel leer und vermüllt.

Wird Kellerkind es ohne „mothers little helpers" schaffen?

Wird es nicht von allen Kellergeistern gejagt?

Doch, sicher! Sicher. Gehetzt und gejagt. Gedrückt und geplagt.

Aber schau: Da hinten! Da oben! Da vorne!

Siehst du den Silberdämmer? Den Goldenschein? Das Diamantenleuchten?

1992

Mein Friedhof I

Ich klinke das schmiedeeiserne Tor auf und betrete meinen Friedhof. So, wie jetzt, in ruhiger Verfassung, zum ersten Mal.

Diese Ruhestätte ist überschaubar. Auf einer Klippe, begrenzt vom Meer tief unten, auf der Hinterseite rechts und links halbhohe Feldsteinmauern. Aus den Ritzen wächst windschiefes Grün.

Vorn ist diese gefügte Begrenzung durch das Tor mit seiner schwarzen Ornamentik und dem Schriftzug „*Mein Friedhof*" in der Mitte unterbrochen.

Ich gehe hinein. Keine geordneten Reihen, eher wie hingewürfelt.

Hinten der graue, in die Erde eingesunkene Grabstein meines Stiefvaters – in der linken Ecke, noch ein stückweit von der Mauer entfernt.

Rechts hinten der von silbergrünen Flechten bewohnte Stein meines Vaters.

Fast in der Mitte ein *kleines Mausoleum.* Ein Engel mit Grünspanmaserung sitzt über dem Portal, schaut in den Himmel, ein Flügel ruht neben dem Eingang, einer seitlich hinter ihm.

Die schmucklose dunkelgrüne Eisentür quietscht beim Öffnen. Drinnen ist es still – kein Meeresrauschen. An der Wand gegenüber ein großes Pult aus heller Fichte. Papier liegt darauf: mein Text „*Kinderfresser*". Unter der Deckplatte ist viel Platz für weitere Manuskripte.

Ich bleibe eine Weile stehen. Erst jetzt bemerke ich, daß oben durch eine Luke Licht hereinströmt. Ein breiter Strahl leuchtet meinen Text an, den ich nun mit Unbehagen lese. „Meine Güte, wie bitterböse!" Doch er hat seinen richtigen Platz hier, bis er neuem Geschriebenem Platz macht und unter dem Pultdeckel – im Archiv – zur Ruhe kommt.

Ich gehe wieder hinaus. Unter einer sturmverwehten Weide der Grabstein meiner Mutter, mit bröckelnder Goldinschrift auf schwarzem Marmor. Der Wind flüstert in den Zweigen.

Gegenüber ein Heckenrosenbusch, der sich über einen graugemaserten Stein mit fast verblasster, noch hie und da weißer Inschrift mit dem Namen meiner Tante breitet.

An einer knorrigen Eiche, nicht weit von der linken Friedhofsmauer, lehnen zwei Steine eng beieinander – hellgrau geäderter Marmor – meine verstorbene Halbschwester und ihr Mann.

Eine Weide an der rechten unteren Mauer schwingt ihre Ruten im Wind hin und her – ein Namensschild in Messing mit Geburts– und Todesdaten nah am Stamm. An den Baumwurzeln ruht die Urne meiner anderen Halbschwester.

Einige Schritte von den Steinen meines Vaters in den Boden gesunkene runde Felsbrocken mit Namen, Jahreszahlen – Tante E., Onkel G., Tante M., Onkel E.

Zwei eng beieinander stehende, halbhohe Stelen, nicht weit von der Eiche entfernt – Gedenksteine für meine Großeltern mütterlicher- und väterlicherseits.

Ach, ich erinnere mich: Im *Mausoleum*, an den Seitenwänden Ahnentafeln, polierter Granit mit schwarzer eingemeißelter Schrift – rechts die Vaterseite, links die Mutterseite, viele Namen mit Kreuzen versehen, andere verzweigen sich ins Leben.

Ich gehe zur Pforte zurück, lehne mich an die buckelige Friedhofsmauer, schaue auf *meinen Friedhof*.

Dann greife ich in meine Tasche und nehme eine Handvoll Steine heraus.

Ich gehe zum Grab meines Stiefvaters, meines Vaters, meiner Mutter, meiner Tante L., lege Steine nieder: „*Hier lasse ich nun das, was mich bis jetzt von dir verfolgt hat!*" sage ich bei jedem und jeder.

Dann gehe ich weiter, blicke nicht mehr zurück.

Jetzt ist meine Hand leer.

Ich hole noch ein paar bunte, geschliffene Glassteine heraus, mache kehrt, lege sie – zum Dank – bei meinen Halbschwestern nieder, auch je einen bei meiner Mutter und bei meiner Tante L.

Über die Ahnenstelen und die Feldsteine streue ich Sternchenkonfetti.

Dann gehe ich hinaus, schließe die Pforte energisch, ohne mich umzudrehen.

Ich sage: „*ES IST VORBEI:*"

Mein Friedhof II

Wieder gehe ich durch das Friedhofstor, diesmal nach links.

Dort, mitten in einem Unkrautgewölle der Eingang zu einer *grausteinigen eingesunkenen Gruft.*

Die Holztür lässt sich nur schwer öffnen. Ich schließe sie nicht, damit ein wenig Licht herein kommt.

Ich steige die Treppen hinab, erleichtert, denn an den Wänden sind Klappen – wie die Abfallschuber in Hochhäusern.

Hier kann ich meine neuesten Zweifel reinschmeißen: **Klappe auf und zu, und weg!**

Eine andere, mit abgeblättertem Griff, trägt die Inschrift „**Selbstverurteilung**".

Ich greife nach zerknüllten beschrifteten Zetteln in meinen Hosentaschen. Es tut gut, allerlei Beklemmungen hier zu lassen.

Vergnügt steige ich die Stufen hoch, schlendere durch das Gewürfel der Grabsteine und Pflanzen, lausche dem Meer und mache mich auf durchs Tor in meinen Alltag.

Es ist gut, zu wissen, daß ich diese *Gruft* nun immer besuchen kann, wenn es Zeit für „**Klappe auf und zu, und weg!**" ist.

Mein Friedhof III

„Bald gehe ich hier ein und aus", witzele ich etwas plump, lasse das Friedhofstor zuknallen und schaue über *meinen Friedhof –* **Überblick und Anblick – Vergangen! Vergangen! Klappe auf – zu – und weg!** Rufe ich so laut ich kann.

Das ist jetzt auch mit meinen „noch-Bindungen" zu J.-M. und A. nötig!

Ich stemme die Tür zur *Gruft* auf. Diesmal habe ich eine starke Taschenlampe mitgenommen, deren Strahl ich wandern lasse. In der hinteren Wand sehe ich zwei Nischen. Im Halbrund stehen zwei große gusseiserne Schalen, die in ihren Mulden schwarz verkohlt sind, ein paar Aschereste kleben noch auf dem Boden. In einer Nische sind Goldbuchstaben in die Wand graviert: A... In der anderen in Silberglitzer J.-M... Keine Fotos auf Emaille, keine Standbilder. Nur die Schriftzüge. Eine Würdigung meiner Zeit mit ihnen. Die Schale ist für alle Bindungen da, die verbrannt wurden und noch verbrannt werden müssen.

Ich zünde eine weiße Kerze in A.s Nische an, lasse einen dicken, schwarz-öligen Klumpen Angst in die Schale gleiten, halte einen Zünder in die Flamme und zünde den Klumpen an. Es qualmt stinkend und brennt nur langsam.

Ich gehe zur J.-M. – Nische, zünde eine große rote Kerze an und ziehe Stricke von meinen Handgelenken und ein dickes graues Tau aus meinem Herzen und zünde das wirre Geknäul an, von vier Seiten, bis es endlich lichterloh brennt.

Rückwärts trete ich zur Tür zurück – „an – brennen – weg"
murmele ich und rufe es dann laut in meine Gruft.
Es schwelt noch in den Schalen, doch ich drehe mich um. Die
Kerzen lasse ich niederbrennen. Noch einmal schaue ich mich um.

„ES IST VORBEI"
sage ich laut und kräftig.
Dann stromere ich durch die bewachsenen Pfade zwischen den
Grabsteinen, bleibe am Abhang stehen, schaue ins Meer hinunter
und lausche seinem Gesang. Der Wind rupft an meinen Haaren.
Ich richte mich auf. Ich weiß nicht, wie lange ich so da stand.
Plötzlich zieht es mich in meine Welt zurück. Schnell nehme ich
den kürzesten Weg und lasse die Friedhofspforte erneut zuknallen.

ES IST VORBEI
JA
WIRKLICH!
Ich glaube es mir!
Denn ich habe es gesehen
und
gerochen
und
gehört!

Mein Friedhof IV

Nicht weit von der Pforte – gegenüber – eine Mulde, mit Granit ausgekleidet und in der Mitte eine Metallschale mit Öl. Ich entzünde nun mein *„ewiges Feuer"*. Es verbrennt für mich alles, was ich hinter mir lassen will und erleuchtet meine Dunkelheit.

Zuerst werfe ich „mein" Hashimoto hinein – ein dunkles, waberndes Ewas mit einem aufgesperrten Maul. Es sprüht viele kleine Funken, windet sich, muss aber doch verbrennen und in einen anderen Zustand übergehen. Es war nicht „meins" – nur ein lebensfressender Mitbewohner! Lange schaue ich in die nun hell lodernde Flamme.

Heute ist Reinemachetag! Jetzt ziehe ich ein langes sich windendes Etwas aus mir: meine Fernsehsucht. Es dauert lange, bis ich sie aus mir herausgewunden habe. Mit vielen kleinen dünnen Füßchen hakt sie sich in mir immer wieder fest, vor allem im Kopf und in den Augen. Aber es schmerzt nicht. Es sieht so aus wie Nebelgebilde. Wäre ich nicht hier, vor meiner aufsprühenden Flamme, hätte ich gar nicht bemerkt, wie verwurzelt diese Sucht in mir ist! Vorne brennt das Gebilde schon, da will sich der hintere Teil in mir verstecken. Ich ziehe und kämpfe. Ich muss sogar meine Hände schütteln, um die letzten Klettenhäkchen wegzuschleudern. Endlich ist alles im Feuer und brennt lichterloh! Ahhh!

Mein Friedhof V

Nun gehört *mein Friedhof* zu meinem Leben. Immer, wenn mich etwas drückt oder quält, kann ich hierher kommen! Das macht mich froh – wie es so schön altmodisch heißt. Heute bin ich wieder in der Gruft. Vor J.-M. verbrenne ich meinen 25 Jahre alten Treueschwur (wie oft noch?). Den ziehe ich tief aus mir heraus, wie eine schwarze Schlange. Er brennt langsam und droht immer wieder zu erlöschen. Erinnerungsbilder ziehen vorbei. Ich vergebe mir diesen pathetischen Schwur und meine darunter versteckte eigene Untreue. Lange stehe ich dort.

Dann verbrenne ich vor A. ein graues Knäuel „Reste“.

An der Hinterwand die Schatten meines Vaters. Davor streue ich eine Spur Brennbares, zünde sie an, und die ganze Wand brennt. Ich stehe zwischen den Altären und freue mich über diese Verwandlung.

Der Rauch zieht nach oben ab. Ich entdecke zwei vergitterte Luftschächte. Dann kehre ich alle Asche in eine am Boden gefundene Schale, verdecke sie beim Hinausgehen, damit die Asche nicht wegfliegt und stelle sie auf die Erde mitten in *meinem Friedhof*. Der Wind trägt die Asche fort.

Als die Schale leer ist, gehe ich zum Wasserhahn an der Friedhofsmauer, rechts neben dem Tor, wasche und spüle die Schale gründlich, fülle sie mit Wasser und trage sie zu dem Denkmal *„Engel der Verwandlung“*: ein großer weißer Marmorengel mit ausgebreiteten Flügeln auf einem hohen schlanken Sockel, ein paar Schritte von *meinem ewigen Feuer* entfernt. Ich stelle die Schale vor den Engel. Nun ist sie ein Vogelbad. Ich streue Vogelfutter, das ich aus meiner Umhängetasche ziehe, eine mittlere Tüte, die ich mit Freude drumherum ausleere.

Mein Friedhof VI

Wieder einmal öffne ich das Friedhofstor und sehe *mein ewiges Feuer*. Die Flamme tanzt mit dem Wind, und ich schaue ihr eine Weile zu.

Ich schlendere in die linke Ecke und betrete ein kleines Rondel mit Rosen in vielen Rottönen – von purpurrot bis orangenrot. Es duftet einladend. Ich schiebe eine Rosenranke beiseite und setze mich auf eine der drei Bänke. Gegenüber steht ein Metallkasten mit einem Schlitz auf der Oberseite: ein Schredder auf dem in großen Lettern VORBEI eingraviert ist. Rechts und links je ein Kasten mit geschöpftem Papier, einmal helles, einmal dunkles.

Ich nehme ein helles Blatt und schreibe mit dem großen Bleistift, der im Kasten liegt:

VORBEI	mit der Todesangst der Kindheit
VORBEI	die Kämpfe mit meiner Mutter
VORBEI	die Ängste vor meinem Vater
VORBEI	der Hass auf meinen Stiefvater
VORBEI	die Auseinandersetzung mit Tanten und Onkeln
VORBEI	mit den Jahren des Leidens an allerlei Altlasten derjenigen, mit denen ich aufwuchs
VORBEI	mit den Belastungen der Schulzeit
VORBEI	mit dem Stress vergangener Arbeitswelten
VORBEI	mit A., schon so lange
VORBEI	mit J.-M. schon lange
VORBEI	mit meiner Angst, nicht gut genug zu sein.

„Nun ist mir LEICHTER UMS HERZ", sage ich wie im Märchen. Ich schaue auf mein vollgeschriebenes Blatt, lese es mir halblaut vor, frage mich: „Wirklich?" – „Ja! Vorbei!" antworte ich energisch und stehe auf, halte das Papier in den Schredder und lasse es von der Maschine einschlürfen. Wie schnell meine Hände leer sind!

Dann nehme ich ein dunkles Blatt, setze mich auf eine andere Bank, inhaliere den Rosenduft und schreibe mit Wehmut:

VORBEI	meine Kindheit
VORBEI	meine Unschuld
VORBEI	meine Jugendzeit und die Hippiereisen
VORBEI	meine Zeit und meine Reise mit meinem Pferd Daud
VORBEI	meine Hamburger politische Zeit
VORBEI	mein so-tun-als-ob-ich-unsterblich-wäre
VORBEI	meine Arbeitszeiten in Frankreich und Luxembourg
VORBEI	meine 3 Jahre Auszeit in der Provence
VORBEI	meine Lieben mit A. und J.-M. und all den anderen Männern
VORBEI	meine körperliche Leichtigkeit und selbstverständliche Beweglichkeit
VORBEI	manche Reise- und Fortbildungspläne.

Ach, viele Lebensbilder ziehen vorbei. In den Städten und Gärten der Erinnerung werden sie zu vielerlei Gestalten und Szenerien. Ich bin traurig, melancholisch, und etwas sagt in mir: „Nun ist es Zeit, all das zu ehren!" Ich schreddere das dunkle Blatt und freue mich, dass sich nun helle und dunkle Schnipsel vermischen. Ich trage sie nach einer Nase voll Rosenduft auf den kleinen Komposthaufen in der rechten Friedhofsecke und schaue ihnen zu, wie sie einsinken.

2016

Magical footsteps

Squirreling   shouting   flying.

It´s your face   which is

the thousand-coloured mirrow storyteller.

Long meditations of never ending circle-firewind.

Beginning-ending-beginning.

Following magical footsteps.

Looking at the writings in the eyes

of face-window-people beside you.

Listening to the deep living tiger-power-wisdom

of earth melody inside your mind.

Inside those who are moving

around-forward-beside you.

You between them.

Following magical footsteps.

Opening doors

to silverglass ladders.

1969

Lebenslinien

Geboren am 10.2.1951 in Hamburg, Einzelkind, 4jährig: Scheidung der Eltern

Volksschule, Gymnasium, nach dem Abitur unterwegs: Schweiz, England, Italien, zum Teil mit einem Schweizer zusammen. In Frankreich arbeitete ich in meinen Zwanzigern bei der Weinernte und kaufte mir ein Pferd aus einer wildlebenden Herde im Gebirge, lernte es kennen und dressierte es so gut ich konnte. Dann ritt ich allein einen Monat lang von den Alpen in die Voralpen. Danach Tunesien: heiratete dort meinen tunesischen Freund, den ich auf meiner Reise kennengelernt hatte, damit er nicht zum Militärdienst musste. Er wollte sich dann aber nicht, wie verabredet, scheiden lassen. Ich lebte sechs Monate in diesem Männerland der verschleierten Frauen. Zurück mit ihm in Frankreich haute ich nach kurzer Zeit ab, versteckte mich einen Monat lang vor meinem Mann in Briançon. 1974 kam ich zurück nach Hamburg, reichte meine Scheidung ein und musste dreieinhalb Jahre darauf warten.

In dieser Zeit absolvierte ich die Fremdsprachenschule und arbeitete als Stenotypistin in verschiedenen Firmen. Parallel engagierte ich mich in der Linken, spielte in der Gruppe „Straßentheater" mit und machte Frauenmusik, schrieb dafür auch Texte, lebte zum ersten Mal länger mit einem Mann zusammen.

1979 zog ich nach Frankreich an die Grenze zu Luxemburg zu meinem neuen, französischen Lebensgefährten. Acht Monate arbeitete ich beim Europäischen Parlament im Sitzungsdienst, hatte Zeit zum Nachdenken, Lesen und Schreiben. Dann machte ich eine Aufnahmeprüfung zur Kommission der Europäischen Union und arbeitete von 1981 bis 2011 dort. Ich schrieb einiges in dieser Zeit, viele Briefe, Gedichte und Kurzgeschichten. Von 1983 – 1986 nahm ich drei Jahre unbezahlten Urlaub und lebte in der Provence. 1987: Zusammen mit meinem französischen Gefährten Kauf eines Bahnwärterhäuschens an einer stillgelegten Zugstrecke am Eingang eines ehemaligen Tagebaugebietes in der Lorraine, nahe der Grenze zu Luxemburg. Bis 1992 Renovierung und Anbau. Nach der Trennung von meinem Lebensgefährten 1996 zog ich nach Luxemburg und lebte dort, bis ich 2012 nach Hamburg zurückkehrte.

2021

Sang und Klang

        entlang
        meiner Lebensmelodie
                und nie mehr NIE:

mitgegangen und mitgefangen!

JETZT FREI in allen Tönen
        hoch und tief, laut und leise
        zum Versöhnen und Verwöhnen
auf meiner Lebensreise
        auf meine Menschenweise!

MIX

Papier | Fördert
gute Waldnutzung

FSC® C083411

Zeitfracht Medien GmbH
Ferdinand-Jühlke-Straße 7
99095 Erfurt, Deutschland
produktsicherheit@kolibri360.de